守护武汉城市之根

盘龙城国家考古遗址公园（一期）工程建设纪实

盘龙城遗址博物院　编著

科学出版社
北　京

内 容 简 介

盘龙城国家考古遗址公园是一座集遗址保护、考古研究、文化展示、旅游休闲、教育科研于一体的城郊型考古遗址公园，从立项到挂牌仅用了4年时间，在全国考古遗址公园保护与建设中首屈一指。本书在系统梳理盘龙城遗址地理环境、文化价值和保护历程的基础上，深入分析遗存现状，概述遗址本体保护和环境整治工程设计方案和实施过程，提炼遗址公园建设过程中的特色亮点和建设管理取得的积极成效，总结盘龙城国家考古遗址公园保护利用模式，即坚持规划先行、保护第一、考古支撑、活化利用的建设原则以及政府主导、国企代建、专家指导、各方协同的建设模式。这一模式为我国大遗址本体保护、展示、利用提供了新思路，为推动国家考古遗址公园高质量发展贡献了智慧和力量。

本书可供考古学、文化遗产保护等领域的研究者阅读、参考。

图书在版编目（CIP）数据

守护武汉城市之根：盘龙城国家考古遗址公园（一期）工程建设纪实 / 盘龙城遗址博物院编著. -- 北京：科学出版社, 2025. 9. -- ISBN 978-7-03-082046-4

Ⅰ. K878.04

中国国家版本馆CIP数据核字第20254SJ304号

责任编辑：王光明　杨　烁 / 责任校对：邹慧卿
责任印制：肖　兴 / 书籍设计：北京美光设计制版有限公司

科学出版社出版
北京东黄城根北街16号
邮政编码：100717
http://www.sciencep.com
北京中科印刷有限公司印刷
科学出版社发行　各地新华书店经销
*
2025年9月第　一　版　开本：787 × 1092　1/16
2025年9月第一次印刷　印张：11
字数：260 000

定价：258.00元

（如有印装质量问题，我社负责调换）

主　编　付海龙　王　颖

目　录

第一章

绪言

第一节 地理环境

盘龙城遗址位于湖北省武汉市北郊，黄陂区西南的盘龙城经济开发区，总面积约 3.95 平方千米。中心地理坐标为北纬 30° 41′ 40″，东经 114° 15′ 57″，海拔 16～35 米。

武汉市地处江汉平原东北部，北倚大别山，南有幕阜山，地势总体为盆地。其间长江、汉水横贯，地貌多呈低丘与湖泊相间之势。经过地质考古勘探和典型剖面的沉积物分析，盘龙城遗址主要分布在发育于中更新世早期的网纹红土、晚更新世的“下蜀黄土”构成的低丘岗地和河湖相沉积物构成的临湖滩地两个主要的地貌单元上。盘龙城具体坐落于府河（涢水、澴水下游）北岸的二级台地（图一），整体地势较为平缓，北高南低，地面高程从四周向中心湖泊缓缓下降。受地理环境变迁的影响，今日的盘龙城大部分被盘龙湖环绕，遗址区现呈湖滨岗丘地貌。岗丘原生地貌除局部因早年生产建设活动如建设梯田、挖鱼塘遭到破坏外，保持了基本地形地势关系。当地居民将凸向水中的岗地称之为“嘴”，而将内凹近水的岗地称之为“湾”，因此盘龙城遗址中的地点名称多带“嘴”和“湾”，如王家嘴、李家嘴、杨家嘴、杨家湾、楼子湾、江家湾等。古城位于遗址的中心区域，主要依托两条南北向的岗地夯筑合围而成。在古城四周的矮丘和湖汊相间的湖嘴地上，分布着许多商代遗存。府河紧邻遗址南端经过，府河南为冲积平原。考古勘探表明，遗址分布范围一直延伸到了盘龙湖和府河的水面之下并被历年沉积的淤泥覆盖，最低处在河湖底下的海拔 17.5 米左右高程的区域。

在低山丘陵—冲湖积平原的地貌结构中，大别山南延的孝感、黄陂低山丘陵前沿，与对岸幕阜山北伸的武昌青山前沿低山丘陵构成长江、汉水诸水道出口。号称“古云梦泽”的江汉、洞庭两湖平原上恣意横流的长江、汉水及湘、资、沅、澧诸水，受地形制约至此收窄成一线而流往下游。盘龙城处于沟通大江南北的咽喉要道之上，通过长江可达上游四川、中游湖南和下游江西等地，向西经随枣走廊可与襄阳、汉中一带连通，向北翻越大别山隘口直入中原。

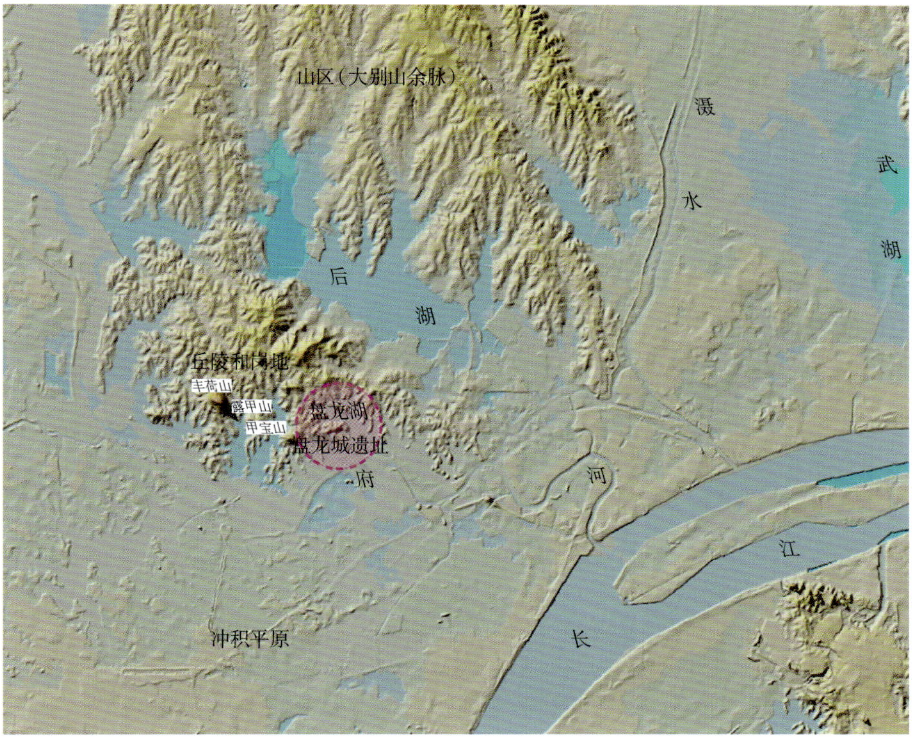

图一　盘龙城遗址周边地形分析图

夏商时期，盘龙城所在地扼据于长江与汉水的交汇处，汉口区域则是一片低洼地带，临近盘龙城的河道尚未形成稳定河岸，江流水位均大幅低于当前。遗址南侧的自然河道与其南部密布的水网连通，河水经由这些水网倾泻至长江。每逢汛期，洪水泛滥，一片汪洋。盘龙城区域则是汉口一带的制高点之一，因所在地势较高，不易受到洪水威胁。当时城址东侧的盘龙湖水位不高于海拔 18 米，该湖仅为面积不足 0.4 平方千米的小型水域，枯水时期面积更小。大约至春秋战国时期，长江吞吐形成浅水湖泊，接受汉水和长江泥沙的淤积，形成荆江三角洲并逐渐向东伸展。至唐宋时代，解体分为星罗棋布的湖沼——江汉湖群。近现代因防洪的需要，盘龙城南侧修筑府河堤坝，河堤将原来自然南倾的丘陵间谷地拦截而成湖泊，其附近从而自西向东形成了新教湖、汤仁海、盘龙湖、长湖、张斗湖等一系列大小湖泊。府河堤坝穿越盘龙城遗址的李家嘴、王家嘴、艾家嘴等遗址点，将遗址分为南北两部分，南部现已成府河河床，枯水季节，仍有商代遗存暴露出地面。

武汉市地处北纬 30°，为典型的北亚热带季风性湿润气候，雨量丰沛、日照充足、夏季酷热、冬季寒冷，年平均气温为 15.8～17.5℃，年平均降雨量 1100 毫米，无霜期 211～272 天。通过对武汉地区先秦遗址土壤的植硅石分析研究，发现本地区在夏商时期基本保持了温暖湿润的气候环境，有利于当时农业、人口和社会的发展繁荣。遗址区现有地表水资源丰富，有湖泊和池塘，地表水主要依靠降雨，丰水季与枯水季水位相差达 2 米，地下水资源相对贫乏。由于近现代当地居民的生产活动，天然森林植被、原生的地带性植被不存，只存小块人工次生林和局部的天然湖沼草甸植被群落。现如今遗址核心保护区内居民已搬迁并异地还建，实行退耕还林后，低丘岗地林木郁郁，常有野兔、山雉出没，湿地水面宽阔，陂塘棋布，芦苇丛生，莲荷成片，鸟飞鱼跃，湖光山色，环境宜人。

第二节 历史沿革

古文献中关于“盘龙城”的史料匮乏，其在商代的原名由于“文献不足征”而尚未可知，现有地名的由来也难以准确考证。目前所见记载“盘龙城”最早的史书为明代嘉靖三十五年（1556 年）编撰的《黄陂县志》，之后清代、民国各个版本的《黄陂县志》也都有相关记载，内容基本一致，即“盘龙城，在县西（或南）五十里”。清政府主修汇编的《古今图书集成》和《大清一统志》，采纳地方县志材料，记载“盘龙城，在县西五十里”，由于不知城址年代，故建制未详。难能可贵的是盘龙城能被清政府编撰出版的大型图书收录，反映出我国政府历来有着重视古迹的传统观念。

清代同治九年（1870 年）刊印的《张氏宗谱》记载“祖自宋元落籍陂邑盘龙城内，三世、四世祖茔葬盘龙城内”，并涉及盘龙城周边的王家嘴、杨林嘴、朱家冲等地点名称。家谱中绘制了一幅“盘龙城墓图”（图二），上面清楚画出盘龙城的大体轮廓，城址近方形略圆，有东、西、南、北四门，城内有坟地、水田、小路、陂塘，南侧有一出水口与河道相通，城南外侧为河道，东北侧临近盘龙湖，北侧为盘龙城护山，四周是一些村落或者地点名称，如李培墩、杨家嘴、肖家山、刘家冲、邓家湾、小嘴、艾家嘴等地名，与现今地名基本一致。从家谱得知，张氏家族从宋元之际迁居盘龙城并世代繁衍生息，此时荒废后的商代盘龙城已成为各姓家族的田地和坟地。据此推测，盘龙城的得名大概始于宋元时期。

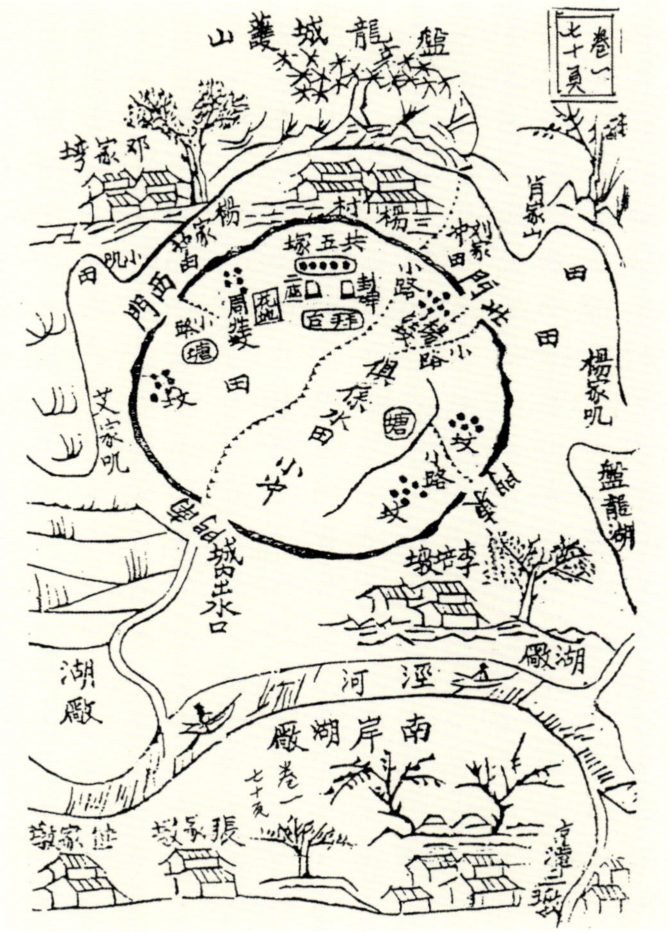

图二　清代《张氏宗谱》上的盘龙城地图

随着西方制图技术传入我国，盘龙城开始出现于清末、民国时期的测绘地图之上。清末湖广总督张之洞设立的湖北舆图局勘测编撰了《光绪湖北舆地记》（1894 年刊行）和《湖北舆地图》（1901 年刊行），首次在官方地图上标记了盘龙城，并描述了清末盘龙城周边的地理环境。

《湖北舆地图·黄陂县舆图南》中标记有“盘龙城”三个字，其周边的地名还有甲宝山、郑家嘴、下新集、露甲山、丰荷山、黄花涝、万家冈、大山、道贯泉等地名。在地图上可以看出，盘龙城北倚甲宝山一众山地丘陵，南滨曲折东向的沦水。沦水上接澴水，下汇长江。盘龙城扼守咽喉要道，水路交通便利，显示出得天独厚的地理优势。《湖北舆地图》作为清代最后一次湖北全省统一测绘的官方地图，技术手段先进，数据内容权威。该地图主要标记山川丘陵、河流湖泊、村镇码头，而盘龙城作为古迹之名却以突出的地理优势首次标记在官方地图之上，具有重要的意义。

《光绪湖北舆地记六·汉阳府舆地记二·黄陂县》的“水”条目中有关“沦水”的注脚中记载：“沦水即滠水下游……沦水又东流三里经汉阳之黄塘口北，又东北流四里经盘龙城西，又东流四里经许家田南，又东南四里，又东少北流三里经道贯泉南，又东南流三里经戴家山，又东北经汉阳县属之藤丝岗北，凡六里之小河口会滠西河。”流经盘龙城西南侧的河流在清朝末年名为“沦水”，作为县界河流南北区隔汉阳县和黄陂县，高耸城墙的盘龙城成为当时河流周边的重要地标。

民国时期的军事地图上多次标记盘龙城遗址，例如《武汉历史地图集》选用了两幅湖北省陆地测量局出版、武汉市勘测设计研究院收藏的民国时期军事测绘地图的局部图，上面较为精确地绘制了盘龙城。第一幅地图是中华民国二十一年（1932年）十二月测图，二十二年（1933年）四月制版（图三）。在万分之一的地图上标明盘龙城在黄陂县境南端，城址大体呈现长方形，东西长、南北短，坐北偏东，朝南偏西。东、西、南三面城墙显示有豁口，其中西城墙的豁口偏南，南城墙的豁口较为居中，东城墙南半部有近百米长的豁口。城址东北临近盘龙湖，湖面范围与现今盘龙湖面积相近。城址北侧为“盘龙城山”岗地、南侧为滩涂、界河。第二幅地图侧面写有“依据民国二十四年所修正之地形图图式”，说明此地图出版刊印时间不早于1935年。该地图的比例尺为五万分之一，主要绘制了盘龙城及周边大致

图三　1932年测绘的盘龙城地图

的地形地貌。由于比例尺较大，盘龙城的形状轮廓变形成近椭圆形，西、北、东三面被山丘岗地围绕，东北侧的盘龙湖与捷径河相连通。

盘龙城从宋元至近现代一直是作为古迹名称存在的，由于建造年代不详，有关盘龙城的历史和传说也很匮乏。民国至中华人民共和国成立初期，盘龙城的名称存在着“一地多名”的现象，盘龙城与盘土城的名称并存。例如民国时期的家谱中多记载为“盘龙城”，而1918年刊印的《杨氏宗谱（四知堂）》记载杨氏家族在盘土城区域居住、埋葬。20世纪50年代，官方称盘龙城为“盘土城”。盘土城的信息主要散见于1954年武汉防汛宣传资料和文献汇编中，例如1954年8月28日武汉市工会联合会编印的《防汛宣传资料之七——在武汉市防汛汉口第一、第二、第三、排水、水上区指挥部第一次奖励大会立功受奖的职工们》（以下简称《防汛宣传资料之七》）小册子和1954年12月武汉市防汛总指挥部防汛工作概况编审委员会编印的《武汉市一九五四年防汛文献汇编》（以下简称《防汛文献汇编》）。

1954年7月18日，武汉关水位超过1931年的历史水位——海拔28.28米以后，随着水位上涨，土方消耗量急剧加大。武汉市防汛总指挥部提出在市内勘察土源，以应紧急抢险之需，市防汛动员组织处组织力量寻找土源，结果确定了三十余万方可以挖用的土方。“盘土城”应该是在7月18日以后被加急寻找土源时发现的。《防汛宣传资料之七》和《防汛文献汇编》在提到“盘土城”时，前文分别写了陈家山、柏泉山，说明相对于陈家山、柏泉山主要取土场地来说，“盘土城”是相对次要的开采场地，《防汛文献汇编》更是直接说“盘土城”工区是临时施工（图四）。推测“盘土城”被临时施工的原因有二：一是防汛期间它被发现得相对较晚，因为其地势海拔不高，难以在地图上突显出来，不能被防汛指挥人员在第一时间确定为取土场；二是城址规模偏小，城墙边长不足300米，而且洪水高涨，水位线达到海拔27米左右，导致基本只有一周城墙浮现在水面之上，即使在现场查看也不太引人注意，最终可能因为城墙夯土是优质的黄土资源而被确定为采土场。根据防汛文献中提到的陈家山、柏泉山取土场的开采时间，推测“盘土城”防汛取土的时间大概在1954年7月下旬至8月上旬。

当地人回忆盘龙城的城墙原来高出地面6～7米，取土后现存城墙残高1～3米。若按照被挖走4.5米高的城墙来粗略估算，防汛大军在盘龙城的取土量可达5.5万立方米。1954年武汉市防汛的整体用土量达到370万立方米，盘龙城的取土量所占到的比例不足1.5%。《叶店村志》记载当地抗洪的主要任务是防护盘龙城东侧的民生堤。盘龙城考古发现者蓝蔚先生回忆盘龙城的城墙夯土主要运往了府河对面的张公堤。由此可知，盘龙城为民生堤和张公堤的防洪安全做出了贡献。

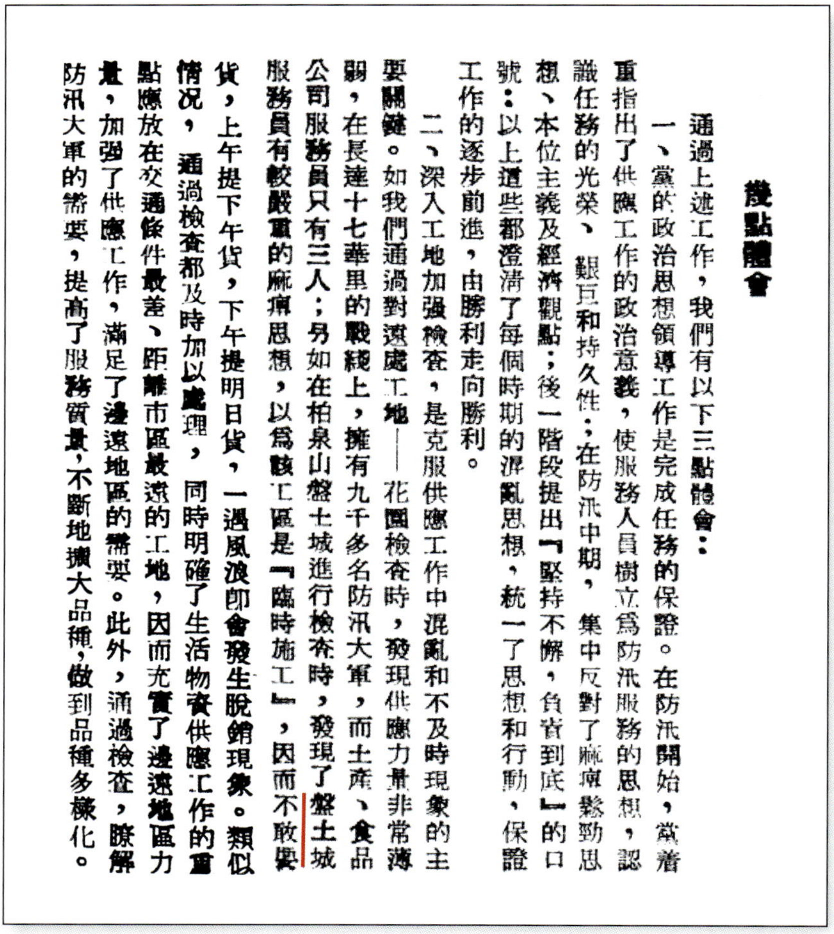

幾點體會

通過上述工作，我們有以下三點體會：

一、黨的政治思想領導工作是完成任務的保證。在防汛開始，黨着重指出了供應工作的政治意義，使服務人員樹立爲防汛服務的思想，認識任務的光榮、艱巨和持久性。在防汛中期，集中反對了麻痺鬆勁思想、本位主義及經濟觀點；後一階段提出『堅持不懈，負責到底』的口號。以上這些都澄清了每個時期的混亂思想，統一了思想和行動，保證工作的逐步前進，由勝利走向勝利。

二、深入工地加强檢查，是克服供應工作中混亂和不及時現象的主要關鍵。如我們通過對遠處工地——花園檢查時，發現供應力量非常薄弱，在長達十七華里的戰綫上，擁有九千多名防汛大軍，而土產、食品公司服務員只有三人；另如在柏泉山盤土城進行檢查時，發現了盤土城服務員有較嚴重的麻痺思想，以爲該工區是『臨時施工』，因而不敢要貨，上午提下午貨，下午提明日貨，一遇風浪即會發生脫銷現象。類似情況，通過檢查都及時加以處理，同時明確了生活物資供應工作的重點應放在交通條件最差、距離市區最遠的工地，因而充實了邊遠地區力量，加强了供應工作，滿足了邊遠地區的需要。此外，通過檢查，瞭解防汛大軍的需要，提高了服務質量，不斷地擴大品種，做到品種多樣化。

图四　《武汉市一九五四年防汛文献汇编》提及“盘土城”

1956 年 11 月 15 日，湖北省人民委员会公布了《湖北省第一批文物古迹保护单位名单》，在“古城及其遗址”类别中写有“黄陂盘土城，1954 年发现”等文字内容（图五）。但在民间尤其是生活在城址周边的居民仍然称之为盘龙城，直到 1963 年湖北省博物馆在对其进行第一次考古发掘时，遵照当地人的称呼习惯，将其官方名称从“盘土城”恢复为“盘龙城”。

类别	名称	地点	說明
古建筑	綠影壁	襄樊市原襄阳城内	明襄阳王府故址，綠石影壁雕刻精美。在艺术上很有价值
古城及其遺址	紀南城	江陵县城北十里	战国时楚国郢都遺址，北抵紀山南部，南抵郢国乡，范圍約40里（一說在宜城县内）
古城及其遺址	郢城	江陵县草市附近	傳郢城系平王时为防吳而增修的，在1952年曾发現有战国墓葬，内有銅鏡及漆羽觴等物（一說在宜城县内）
古城及其遺址	万城	江陵县万城鎮	三国时东吳所建筑，現北門仍存有城門，城墻已被毁，初名方城，宋末改称万城
古城及其遺址	襄阳城	襄樊市旧襄阳城	創自三国时，历代时建时毁，为鄂北之古老城郭，周圍約十二里，保存較好
古城及其遺址	夫人城	襄樊市旧襄阳城	系晋代苻丕攻襄阳时，朱序母率領百餘婢并城中女子筑城防御，后人称夫人城
古城及其遺址	荊州城	江陵县城关鎮	該城系五代时南平国都城，明代重修，現存之城系清乾隆时补修的
古城及其遺址	天門土城	天門县石家河附近	1955年3月間在石家河附近发現城址，附近有新石器时代晚期遺存
古城及其遺址	古城口	京山县古城口	1955年4月間在此处发現有漢、唐遺物
古城及其遺址	黃陂盘土城	黃陂县	1954年发現
古文化遺址	京山县屈家嶺附近遺址	京山县青木乡	1954年发現
古文化遺址	京山县石女山遺址	京山县熊店乡	1955年发現
古文化遺址	京山棱子墩郑家台子附近遺址	京山县棱子墩一帶	1955年12月发現
古文化遺址	京山县司馬河上刘家畈附近遺址	京山县司馬河一帶	1955年12月发現
古文化遺址	京山县香山鋪附近遺址	京山县香山鋪一帶	1954年发現
古文化遺址	京山县何家峭王家集附近遺址	京山县何家峭一帶	1954年发現
古文化遺址	天門石家河附近遺址	天門县石家河	1955年2月发現

图五　《湖北省第一批文物古迹保护单位名单》中的“盘土城”

第三节 遗址概况

根据历年的考古调查、勘探和发掘工作，盘龙城考古工作队摸清了盘龙城遗址夏商时期的文化遗存分布范围，主要包括盘龙城城址，含城墙、城门、壕沟、宫殿基址等重要遗迹；古城四周区域内的岗地和湖嘴坡地上商代文化遗存密集，分布着商代居址、作坊和墓地等遗迹，包括王家嘴、李家嘴、杨家嘴、杨家湾、楼子湾、小嘴、艾家嘴、江家湾、甲宝山东麓、车轮嘴、小王家嘴、大邓湾、童家嘴、万家汉、丰家嘴、小杨家嘴等十余个遗址点（图六），特别是杨家嘴、杨家湾、楼子湾、小嘴、江家湾等北部岗地上遗存连接成片而无明显的分界。此区域内的商代文化堆积最厚处在 2 米以上，发现有较多的房屋建筑基址、作坊、灰坑、墓葬、祭祀坑等，出土有大量的青铜器、玉石器、陶器等。

盘龙城城址为整个遗址的中心。城墙夯土筑成，城址平面近方形，南北长约 290、东西长约 260 米，总面积约 75400 平方米，周长约 1100 米，存四面城墙，原

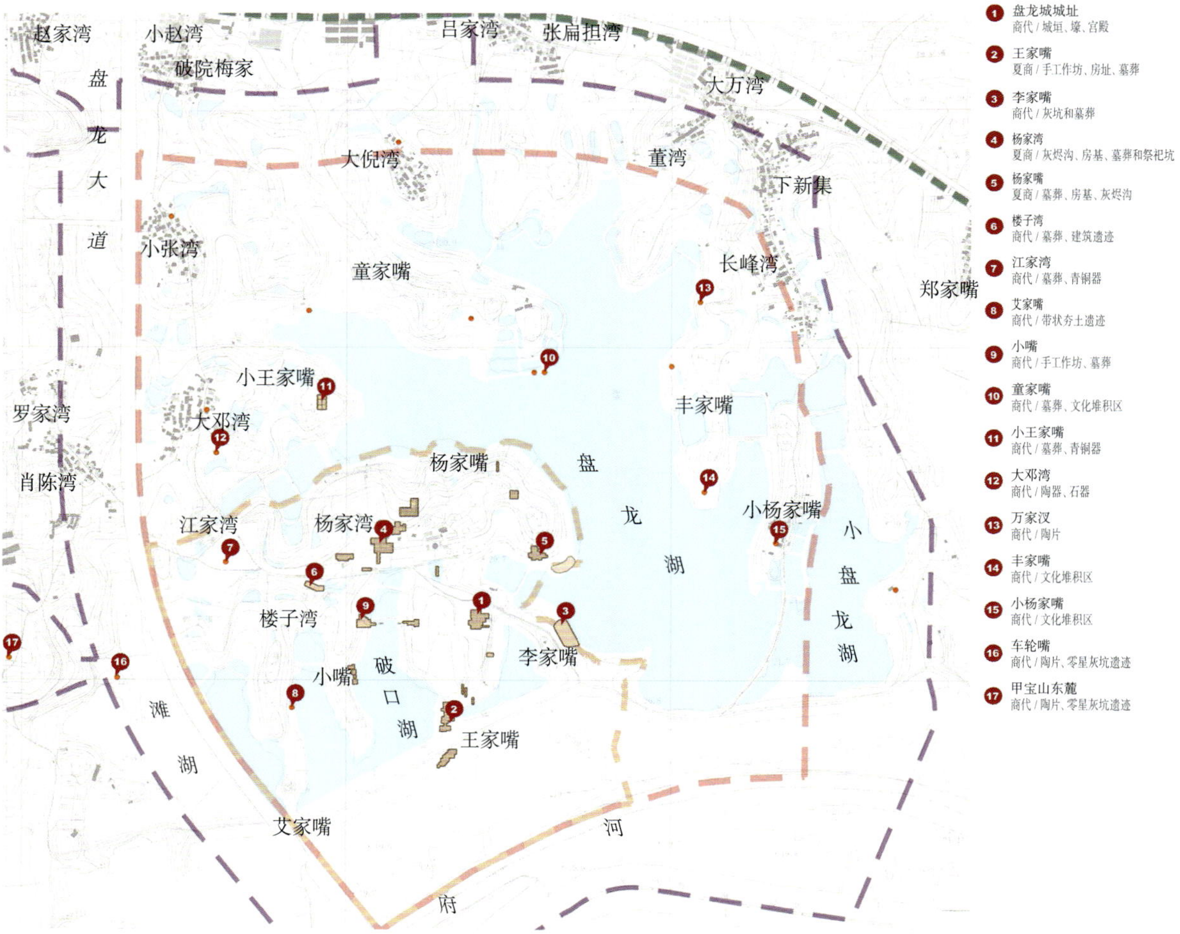

图六　盘龙城遗址夏商时期主要遗存分布图

有高度6～7米，现残存高度1～3米。每面城墙中部皆有一城门，城门宽度6米左右。城内东北部是城址的最高处，一批大型建筑基址集中分布于此，构成了城内宫殿建筑群。城墙外有城壕，宽5～6米，深约3米。城墙北侧环壕之外数米，另有一条东西向壕沟，宽约13米，深4.8米，在南城墙中段偏西处城墙底部，解剖发现商代石砌排水管道遗迹。

李家嘴位于城址东侧，发现一些居址、灰坑和数座高等级贵族墓葬。该区域主要是盘龙城繁盛阶段有意识规划的一处高等级墓地，4座保存相对较好的墓葬出土大量青铜器、玉器、印纹硬陶及原始瓷等精美文物，代表了当时青铜文化发展的高超水平。李家嘴墓地出土的青铜礼器以酒器组合为主，有3～5套铜爵、斝、觚；盛食器在商代前期出土数量极少，而李家嘴墓地就出土了2件簋、2件盘。

王家嘴位于城址东南侧，发现有窑址、房基、墓葬等遗存，是盘龙城先民早期主要活动地点。南端濒临古河道，具舟楫之便，是对外水运交通的重要站点。2001年，盘龙城考古工作队在王家嘴西南侧栗子包岗地上清理一座商代贵族墓葬，东南距离府河枯水期河道北侧边沿约80米，是目前为止盘龙城遗址最南端的商代墓葬。

杨家湾位于城址西北侧，是一条东西长约420、南北宽约310米的天然岗地，发现有大中小型建筑基址、水井、高等级贵族墓葬、灰坑、灰沟等遗迹以及绿松石镶金饰件、青铜大圆鼎、青铜带鋬觚形器等重要文物，是盘龙城聚落晚期的中心区域。

杨家嘴位于城址东北侧，岗地三面环湖，东西长约250米，南北宽约340米，发现有商代中小型房基、窑址、墓地、灰坑、灰沟等遗迹，是当时居民重要的生产生活区域。

小嘴位于城址以西，岗地南北长约520米，东西向最大宽度约140米，发现有石范、陶范、坩埚、操作台、灰烬沟等，为青铜器铸造作坊所在地（图七）。

楼子湾位于遗址核心保护区西部，发现商代墓葬以及建筑、灰坑等遗迹，是商代一般贵族和平民居住生活区。

江家湾位于遗址核心保护区西部边缘，发现有随葬青铜器、有领玉璧、原始瓷器的贵族墓葬，可能是商代一般贵族的居住生活区。

艾家嘴位于遗址核心保护区西南部。因早年修筑府河大堤取土，遗址商代地层被严重破坏，但仍发现有少量商代文化堆积，应存在商代聚落。

小王家嘴位于遗址核心保护区西北部。20世纪80年代，曾出土过商代青铜器。2015年，发现有商代墓葬21座、灰坑8座，为一般贵族和平民墓地。在盘龙城聚落发展的较晚阶段，居民活动扩展到了这一带。

图七　盘龙城遗址小嘴铸铜遗存发掘现场

车轮嘴位于江家湾以南，东面隔水与艾家嘴相望。2002 年为配合盘龙大道建设，盘龙城考古工作队在此进行调查勘探，曾发现有零星灰坑和商代陶片。

甲宝山东麓位于江家湾以西，地面采集有商代陶片，考古勘探发现有零星商代灰坑。在车轮嘴及甲宝山以西直至露甲山的广大范围内，盘龙城考古工作队做了大量的文物调查工作，没有发现商代文化遗存，表明甲宝山东麓一线是盘龙城遗址的西部边缘。

大邓湾位于江家湾以北、小王家嘴以西，早年曾在岗地顶部发现零星商代灰坑，出土有商代陶器及石器。2016 年在此地开工建设盘龙城遗址博物院新馆之际，盘龙城考古工作队在大邓湾至小张湾两个村民组范围内进行勘探，未发现商代文化遗存。

童家嘴位于盘龙湖北边的一块半岛形岗地上，与小王家嘴和杨家湾隔湖相望。1980 年，在岗地南侧湖边发现有一座商代残墓，2005 年，调查勘探时在童家嘴岗地中间发现一处 11 米 ×13 米、深 0.8 米的商代文化层，其余地方因早年挖塘修建鱼池而遭到破坏。在童家嘴以北直到后湖的广大范围，盘龙城考古工作队做了大量的文物调查工作，没有发现商代文化遗存，表明小王家嘴与童家嘴岗地中脊一线是盘龙城遗址的北部边缘。

万家汉位于盘龙湖东岸、长峰港岗地的中部位置。在湖边约 20 平方米大小的一个区域内散布有商代陶片，表明此地有零星商代遗存分布。在其周边采集过商代石器，当地村民耕地时也曾发现商代残铜器。

丰家嘴位于盘龙湖东岸、长峰港岗地南部，发现有面积约 50 平方米、厚约 0.4 米的商代文化层。

小杨家嘴位于盘龙湖东岸、长峰港岗地最南端，发现有一定面积的商代文化层。

在长峰港以东直至长湖、张斗湖北岸包括郑家嘴、翁家湾、胡家湾的广大区域，盘龙城考古工作队也做了很多的文物调查工作，没有发现商代遗存，表明长峰港濒湖一线是盘龙城遗址的东部边缘。

除夏商时期的主要遗存外，盘龙城遗址还存在周至明清时期的遗存，以墓葬为主，除在遗址核心保护区有零星分布外，基本上分布在一般保护区范围内。小王家嘴残存 2 座明清窑址，小张湾发现有宋元明清墓葬群，大邓湾也存在宋元明清墓葬群，破院梅湾发现宋元明清窑址与墓葬群，吕家湾发现残存面积约 1500 平方米的东周时期遗存，小窑堡也发现了残存面积约 300 平方米的东周时期遗存，童家嘴发现 11 座明清时期的墓葬，罗元山发现面积约 10000 平方米的东周及宋、明清时期遗存，徐家铺发现 1 座晚清或民国时期窑址，丰家嘴发现 2 座可能为宋至明清时期的墓葬，北郑家嘴发现面积约 4000 平方米的明清时期遗存，南郑家嘴发现面积约 2500 平方米的东周遗存。另外，据中国科学院古脊椎动物与古人类研究所李超荣研究员披露，在盘龙城遗址核心保护区李家嘴地点和一般保护区小张湾地点曾发现多件石制品，包括石核、石片、刮削器、砍砸器等，年代初步判断为旧石器时代晚期。

2009 年 4 月 25 日，湖北省人民政府批复的《盘龙城遗址保护总体规划（2007—2025 年）》，在充分总结盘龙城遗址考古成果的基础上统筹考虑当地可持续发展，最终确定遗址保护区面积为 3.95 平方千米，范围北至巨龙大道以南 400 米，东至长峰湾、小盘龙湖西岸一线，南至府河现河道北岸，西至盘龙大道。其中重点保护区东至盘龙湖西岸，南至府河北岸，北至江家湾，西至盘龙大道东侧红线，占地面积 1.39 平方千米，占保护范围的 35%。一般保护区在重点保护区以东、以北区域，北至巨龙大道以南 400 米，东至长峰湾及小盘龙湖的西岸一线，西部与南部和重点保护区一样，以盘龙大道及府河为界，占地面积 2.56 平方千米，占保护范围的 65%（图八）。

《盘龙城：一九六三年——一九九四年考古发掘报告》（以下简称《盘龙城》发掘报告）通过梳理分析考古发掘成果，将盘龙城遗址的年代划分为七期，并进一步概括为早、晚两段：早段包括盘龙城一至三期，相当于二里头二、三、四期；晚段包括盘龙城四至七期，相当于商代二里岗下层一期至上层二期。2013 年以来，盘龙城考古工作队不断深化研究认识，将盘龙城聚落的布局变化分为三个阶段，大型基址出现之前的第一、二期为第一阶段，宫殿基址使用的第三至五期为第二阶段，杨家湾大型建筑群存在的第六、七期为第三阶段，盘龙城遗址的主体年代从二里头文化末期持续至中商文化花园庄期。按照目前 ^{14}C 测年数据显示，盘龙城遗址延续

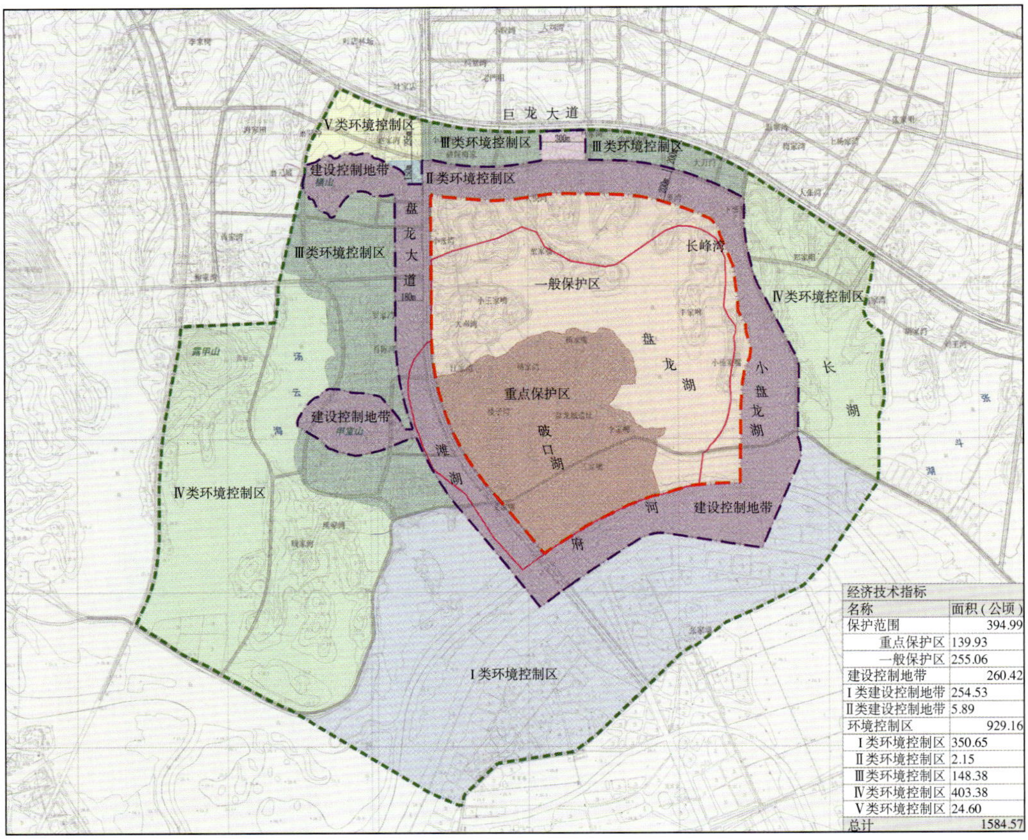

经济技术指标	
名称	面积（公顷）
保护范围	394.99
重点保护区	139.93
一般保护区	255.06
建设控制地带	260.42
I类建设控制地带	254.53
Ⅱ类建设控制地带	5.89
环境控制区	929.16
I类环境控制区	350.65
Ⅱ类环境控制区	2.15
Ⅲ类环境控制区	148.38
Ⅳ类环境控制区	403.38
V类环境控制区	24.60
总计	1584.57

图八　盘龙城遗址保护区划图

的绝对年代约在公元前 16 世纪至公元前 13 世纪。

第一阶段是盘龙城作为城市的形成时期。最早在王家嘴及后来的南城墙一带开始形成聚落，随后聚落范围扩展到李家嘴、杨家嘴、杨家湾等地点。这时，聚落的社会等级也随之有明显提高，例如王家嘴北部出现了多处十米以上长度的建筑基址，说明公共权力机构或中高等级贵族活动场所已经形成。王家嘴还出现印纹硬陶容器等外来贵重物品，说明当时已与长江下游地区存在文化交流活动。杨家湾和杨家嘴分别发现一座墓葬，其中杨家湾早期墓葬随葬铜鬲、爵、斝以及玉戈等铜玉礼器。从聚落规划、较高等级的建筑和随葬品来看，这一时期的盘龙城可能是中原王朝控制长江中游地区的重要据点。

第二阶段是盘龙城作为中心城市的繁盛时期。开始大兴土木，修筑城墙、宫殿等大型工程，最终以 1 号、2 号大型建筑为标志的宫殿区形成，四面有城墙、壕沟，东侧的李家嘴区域成为高等级贵族埋葬之地（图九）。此时，聚落的中心区域辟为最高统治阶层从生到死的专用空间。城墙和宫殿等大型建筑布局规整有序，墓葬规模之大、随葬品数量之多和品质之高都是绝无仅有的。

在盘龙城城市的形成过程中，聚落布局进一步扩大，在第一阶段的区域范围基础上，向西发展到楼子湾、小嘴、江家湾、艾家嘴一带，向北发展到杨家湾和杨家嘴的整个岗地区域。这几处聚落点形成了丰富的文化堆积，灰坑、房址、中小型墓葬等分布较为

图九　盘龙城聚落繁盛时期的主要遗存分布图

密集，这些都说明聚落曾经的繁盛景象。此外，城墙南、西、北外围发现的长达数十米的灰烬沟证明了较大规模的手工业作坊的存在，特别是在小嘴揭露的青铜器铸造生产遗存反映了青铜时代的盘龙城有着较为发达的社会生产力水平。本阶段聚落区范围不断扩展，已经成为一座规模较大的城市，估计当时城市中心区域面积超过 50 万平方米。

第三阶段是盘龙城作为中心城市的持续发展时期。随着城邑范围扩大，中心区从宫城区移到了杨家湾岗地上，并在此修筑了新的宫殿群，高等级贵族墓地也相应出现在杨家湾区域。杨家湾 11、13、17 号商代贵族墓葬规模较大，随葬品在该阶段也最丰富。出土的青铜器，无论容器、武器、工具的种类和数量，都比前期更多，造型更丰富，纹饰更精美，带有更多艺术成分。兵器矛、戈、刀等数量变多，出现了梯形刀、勾刀、戣等新器类。

从杨家湾岗地到东西两侧的杨家嘴和楼子湾遗存最为丰富，岗地南坡文化堆积丰厚，同时分布有建筑、墓葬等遗迹。考古调查与勘探表明，杨家湾北坡也分布有较多房址与墓葬，说明杨家湾岗地在这一时期人口密度较大。聚落的范围持续扩大，东部扩展到今盘龙湖东岸的小杨家嘴、丰家嘴一带，北部扩展到童家嘴、小王家嘴、大邓湾一带，西部扩展到甲宝山东麓。

第四节 价值意义

盘龙城遗址面积约 4 平方千米，遗址核心区有 1.39 平方千米，遗址内涵丰富，有宫城、贵族墓地和手工作坊等遗存，出土大玉戈、青铜大圆鼎、青铜钺、绿松石镶金片饰件、有领玉璧等 3000 余件精美文物，具有很高的历史、科学、艺术、社会价值，是长江流域已知布局最清楚、遗迹最丰富的一处商代前期城址，距今已有 3500 年历史，是商朝南土中心城邑、长江中游早期青铜文明中心、武汉城市之根。盘龙城遗址是 1988 年公布的第三批全国重点文物保护单位、2001 年公布的 20 世纪中国 100 项考古重大发现之一和 2021 年公布的中国百年百大考古发现之一，被连续列入“十一五”至“十四五”国家大遗址保护重点项目。

（一）历史价值

盘龙城遗址的历史价值在其面貌内涵、文化性质、历史地位等方面集中体现。

著名商周考古学家邹衡教授曾经评价，盘龙城遗址是研究我国早期城市和国家形态的“一只麻雀”，麻雀虽小，肝胆俱全。长期系统的考古发掘和研究工作使盘龙城遗址的文化面貌、布局结构日益明晰，盘龙城遗址是以城墙及其宫殿区为核心，周边分布有墓地、手工业作坊以及普通居址等不同遗存的大型聚落，其文化性质是公元前 16～前 13 世纪以一支南下的中原夏商文化为主体，融合本地域土著文化，吸收了江南印纹陶文化因素，形成的一个商文化边缘地区的新类型，即商文化盘龙城类型。这一文化类型具有黄河与长江流域双重文化因素，是黄河、长江同属华夏文明发祥地的重要见证。盘龙城遗址为目前所见夏商时期长江中游地区规模最大的城市，属于早期中原王朝向南扩展过程中所建立的区域性中心聚落，管控南土数十万平方公里区域，属于都城以外的二级城邑，是商王朝南部边陲重要的政治、经济、军事、文化重镇。

1954 年以前，学术界对长江中游地区商周以前的考古学文化一无所知。自盘龙城遗址的发现开始，通过 20 世纪六七十年代盘龙城考古的重大发现，首次在长江沿线揭示出一座属于中原青铜文化体系的城市聚落，展现了夏商时期中原王朝对长江流域的经略和开发历程，认识到夏商王朝的政治版图到达了长江流域，改写了过去“商文化只存在于中原地区”的认知，是中华文明多元一体格局发展的有力证据。

盘龙城是夏商时期江汉地区规格最高的城邑，其所处的重要地理位置被赋予了经略长江中下游、整合南方地区战略资源的作用，为研究商王朝的统治模式提供了重要线索。城墙、城壕、宫殿建筑基址、贵族墓葬、手工业作坊、水井等丰富的遗迹现象，对研究城市规划布局、古代建筑技术、社会生产、手工业发展及生活习俗等学术问题具有重要意义。盘龙城兴起后，江汉平原出现数十处同时期聚落，遗址废弃后，出现了广汉三星堆、阜南台家寺、新干大洋洲等数支高水平的青铜文化。盘龙城作为商代南北文化交流的重要节点，促进了南北文化的融合与南方的开发和文明化进程。

（二）科学价值

盘龙城遗址的科学价值在其城址布局、建筑布局、营造技术的科学性中体现。

古人认为，“筑城以卫君，造郭以守民”，城墙、壕沟是我国早期城市常见的防御措施。盘龙城建造有完整的城墙、城门、排水沟和围绕城墙一周的壕沟等大型防御设施，这种规整布局的全面揭示，在商代考古史上也是不多见的。

盘龙城依山傍水、因地制宜，主要依托在两条南北向的低丘岗地上，填低就高平整地面逐层夯筑，合围成一近方形城墙，墙体外坡陡、内坡缓，利于防守。主城墙加护城坡层层夯筑的建筑形式，不同于江汉地区新石器时代屈家岭文化、石家河文化时期所使用“堆筑法”筑城的传统方法，而是采用了较为进步的“版筑法”。修筑主城墙时用木板支撑，主体水平夯筑，夯面上可见圆形圜底的夯窝，内侧为斜向夯筑的护城坡，在两种夯土层的交接处有明显的垂直状木板朽痕，这是在夯筑城墙中用斜夯土层顶住木板夯筑城墙的主体部分时版筑留下的痕迹。

城墙南北长约 290 米，东西宽约 260 米，周长约 1100 米，城内面积约 7.54 万平方米，墙基宽 18～45 米，城墙原有高度达 6～7 米。古城设有四个城门，城门宽度约 6 米。城外有壕沟，与城墙走向一致，口大底小呈袋状，城壕起到防御和给排水功能。南城墙中段偏西处有一石砌排水管道连通内城洼地和外城壕。南城壕底部发现有桥桩的柱穴痕迹，应是连通城内外的桥梁或吊桥。

城内东北角高地上的宫殿建筑基址，经著名建筑史学家、建筑考古学家杨鸿勋复原为内有“前朝后寝”、外有廊庑环绕的大型宫殿建筑群。两座宫殿建筑处在同一中轴线上，坐北朝南。北面的 1 号宫殿，主体建筑为并排的四室，应是后室，属于“寝”；南面的 2 号宫殿，主体建筑为大厅堂，应是前堂，属于“朝”，四周廊庑合围形成前后庭院，加上庭院大门，构成了一组严谨有序的建筑群（图一〇）。其建筑方法是平整出一个约 2000 平方米的大高地，筑成高台，开挖墙基，埋础立柱，支撑屋架顶，筑起隔墙，设置门窗，铺筑散水，挖埋陶质排水管。分室的“四阿重屋”寝宫、朝政的大厅殿堂，围以廊庑，构成庭院，形成结构完美、功能齐备的三重院落。盘龙城的宫殿建筑，夯土高筑的台基，前朝后寝的格局，四阿重屋的屋盖以及木骨泥墙、擎柱重檐的构造，代表了商代先进的建筑水平，其规划严密，布局严谨，在建筑测量、设计、构造及技术等诸多方面都体现出了较高的水准，提供了中国古典建筑的一个经典范例，对研究我国古代宫廷建筑技术具有重要价值。这种高台、“前朝后寝”式宫殿建筑格局影响后世几千年，至今尚能见到的典型实例是北京的故宫。

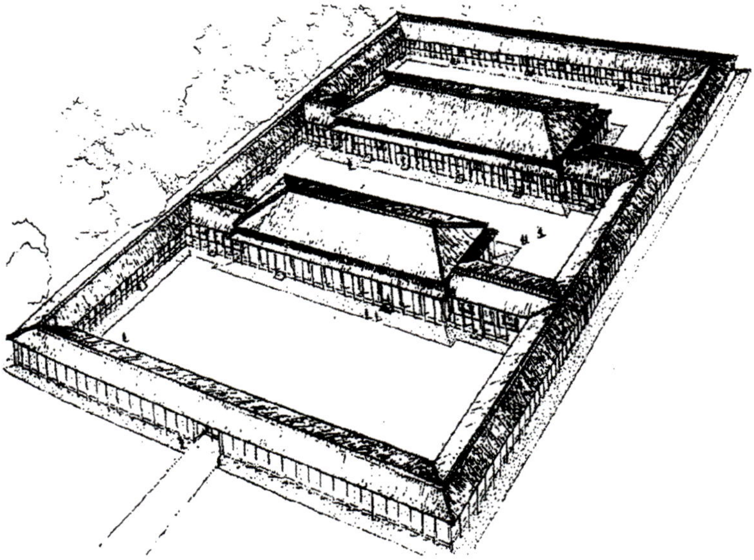

图一〇　盘龙城宫殿复原总体鸟瞰图

（三）艺术价值

盘龙城遗址的艺术价值主要体现在文物的审美观赏价值、美术史料价值等方面。遗址出土的大量青铜器、玉石器、陶器、漆木器等，造型精致、纹饰精美、制作精良，具有突出的艺术价值，对于商代美术史研究有着重要意义。

盘龙城出土青铜器的器类近 40 种，数量达 500 余件，这在我国商代早中期的青铜器群中首屈一指，已超过中原王都的郑州、偃师及诸方国的出土数量，堪称全国第一。青铜器的造型艺术、装饰纹样、铸造技术表现出独特风格，有不少成为商代青铜器的精品，其中细腰甗、双耳及无耳簋、冲天流盉、提梁卣、管状流爵、镂空圈足觚、带鋬觚形器为中原所少见，属于难得一见的精品文物。杨家湾 11 号墓出土的青铜大圆鼎，口径 55 厘米，为商代早中期最大的圆鼎（图一一）。该鼎雄沉厚实，纹饰狞厉神秘，刻镂深重凸出，是我国青铜艺术成熟期最具审美价值的青铜艺术品之一。盘龙城青铜器胎质薄且匀称，采用合范技术铸成，纹饰结构简单，纹疏槽宽，有着朴实简练之美，装饰纹样主要有兽面纹、夔纹、云雷纹、连珠纹、涡纹等。在我国青铜时代的早期阶段，能达到如此卓越的造诣，在当时艺术史上可以说是举世无双的。

盘龙城出土玉石器多而精，有不少属于高度艺术性的礼器。玉礼器不仅是贵族身份地位和社会秩序规范的象征，又是通神的法器。小嘴 3 号墓出土的有领玉璧直径达到 22 厘米，装饰 9 组重环旋纹，为目前所见商代前期最大的有领玉璧；杨

图一一 青铜大圆鼎

家湾 17 号墓出土的绿松石镶金饰件（图一二），器身主体以绿松石片镶嵌贴塑，眉毛、眼睛、牙齿、额饰、眉间饰均由金箔片装饰而成，是目前所见保存较为完整的中国最早金玉饰件，对于研究我国早期金器和金玉镶嵌工艺具有重要意义。李家嘴 3 号墓出土的大玉戈，是仿照铜戈样式琢磨而成，全长 94 厘米，前锋尖利，长援短内，援作宽长条形，中脊起棱，两边刃，直内，前端有一圆孔，作安柲系缚之用。整体光润晶莹，制作精致，形制之大，居商代之首，堪称“玉戈之王”。这件大玉戈体现了我国制玉工艺高超的技艺水平和悠久历史。

盘龙城陶器及制陶业也是灿烂文明的体现。考古发现盘龙城制陶业发达，生产规模大，这一时期开始出现使用长窑烧制大批量的陶器。出土陶器十分丰富，种类有炊煮器、盛贮器、酒水器等，装饰纹样有绳纹、方格纹、乳钉纹、云雷纹、兽面纹、连珠纹等，制作工艺上手制、轮制、模制三者兼具。王家嘴出土的大红陶缸，通高达 1 米，器表装饰绳纹、方格纹，附加 11 周凸起的堆纹，实用与装饰完美统一，是江汉土著文化的典型器皿，也是我国夏商期陶缸体型最大、年代最早的一件；盘龙城出土的印纹硬陶、原始瓷器是由高岭土烧制而成，胎骨细腻，质地坚硬，富有光泽，工艺水平较高。

此外，盘龙城所出土的雕花漆木棺椁，线条刚柔并济，工整优美，是我国发现较早的一批商代漆木器。杨家湾和李家嘴商代高等级贵族墓葬出土多块带有纹样的棺椁板痕迹，其中以李家嘴 2 号墓椁板为代表。李家嘴 2 号墓中残存两块较大的雕花木椁板灰痕，皆正面精细雕花，反面素地朱漆，正面花纹为阴刻双钩兽面纹和斜角云雷纹，兽面由双夔组成，一首双身，夔身上下由二列云雷纹组成，作流动体，蜿蜒欲动。每双组图案间的阴线部分涂朱，阳面涂黑，出土时色彩斑斓。这种雕花板遗痕，在殷墟大、中型墓中常有发现，但几乎都被盗掘者破坏，很难复原整板。李家嘴 2 号墓的发现，说明早商时期的中型墓就已使用雕花木椁，这不仅反映了当时豪华奢侈的贵族生活，也说明了我国劳动人民创造木雕艺术的悠久历史。

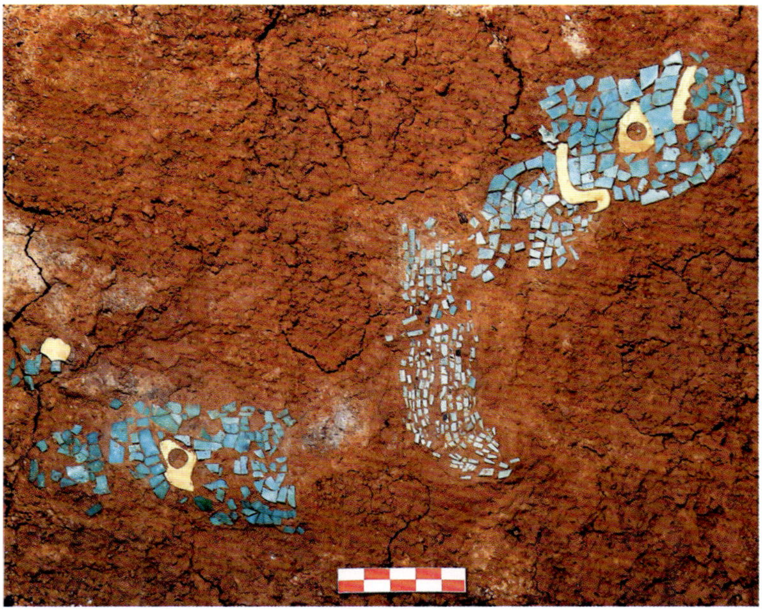

图一二　绿松石镶金饰件

（四）社会价值

盘龙城的社会价值主要体现在历史文脉、生态环境、科普教育、旅游观赏、社区发展等方面。

盘龙城是长江中游城市的早期例证，更是武汉的城市之根。盘龙城屹立在商王朝南方，管控着周围广大区域的聚落、人口，手工业生产发达，贸易往来频繁，是长江中游地区的政治、经济、军事、文化中心，是一座商代早中期的南土重镇，也是武汉地区发现的年代最早的大城市。自商代盘龙城开始，武汉地区成为了长江中游的政治、经济、军事和文化中心，具有连通东西、贯穿南北的中心枢纽职能。

作为处于城市近郊的大遗址，盘龙城遗址保护区面积大，自然生态突出，岗地波濒临湖水、地势参差起伏，阳光充足、雨水丰沛，草木茂盛，野生小动物穿梭其中，可谓“四季分明、五步一画、十步一景”。观众身处其中，可以增益科学文化知识、享受美学体验、丰富闲暇时光，盘龙城遗址以深厚的历史底蕴和静谧的生态环境成为广大市民踏青郊游、家庭游玩、寓教于乐的近郊首选之地。

政府对从遗址范围内迁出的农民进行合理安置，并让其参与到遗址的考古发掘、文保工程、安全保卫、清洁环卫、商业服务等相关工作中来。大遗址保护与遗址公园建设不但增强了当地居民对武汉城市之根的认同，而且使地方经济获得了新的发展空间，周边交通配套得到升级，大型超市、宾馆饭店、特色餐饮引入落地，居民获得了新的发展机遇，城市品质得到提升，盘龙遗址因此成功入选“武汉城市名片”。

第五节 保护管理

一、考古工作历程

（一）发现、调查与试掘（1954～1973年）

地图对于古迹的探寻有着重要作用。盘龙城遗址就是1954年蓝蔚先生根据文物出土线索并凭借地图寻找发现的。

1954年，武汉市遭到百年不遇的特大洪水威胁。为保卫武汉市区，盘龙城高耸的夯土城墙被挖去加固张公堤。退水后，武汉市文物管理委员会的干部蓝蔚带队根据文物出土线索来此调查，正式发现盘龙城遗址。蓝蔚从现场采集的陶片、石器标本推测该遗址为“新石器时代晚期或殷代”。

这一重要发现迅即引起了当地文物管理部门和政府的重视。1956年11月15日，湖北省人民委员会公布盘龙城为第一批省级文物保护单位。

1957年秋天，湖北省文物管理委员会派郭冰廉前往盘龙城实地调查农民采集到青铜器的事宜，在城址外东北侧发现了杨家嘴遗址点，在杨家嘴和城址区域共收集到9件铜器、13件石器以及若干残陶器和印纹硬陶片。

1963年夏季，当地村民在楼子湾开挖灌溉水渠，发现了青铜器。刚从中国科学院考古研究所长江工作队调入湖北省博物馆的张云鹏率领陈贤一、郭德维两人前往发掘，发现了5座商代墓葬和少量商代灰坑，出土近80件文物。这次试掘规模虽小，却由此揭开了盘龙城遗址考古发掘与科学研究工作的序幕。

（二）大规模主动性发掘（1974～1976 年）

1974 年春，当地政府在盘龙城东侧的李家嘴区域修筑防洪堤坝时发现青铜器，随即湖北省博物馆在此清理出一座商代贵族残墓，即李家嘴 1 号墓，出土一批器类丰富、造型精美的青铜器，包括鼎、鬲、簋、斝、爵、觚、尊、卣和盘等。这让人们认识到盘龙城是长江流域一处重要的商代文化遗址，直接促成了 20 世纪 70 年代大规模主动性发掘工作。

1974 年下半年，为进一步了解长江流域商代文化面貌和盘龙城城址的营建年代，并配合府河大堤的修筑，北京大学历史系考古教研室俞伟超与湖北省博物馆文物考古工作队王劲带领北京大学 1972 级工农兵学员、部分教师以及湖北省、地、县文物工作者组成盘龙城考古发掘队，开展了对盘龙城的第一次大型发掘（图一三）。考虑到盘龙城遗址发掘工作的长期性，首次采用纵横坐标象限法对整个遗址布设 5 米 ×5 米的探方控制网，发掘了宫殿区、李家嘴贵族墓地和杨家湾平民墓葬。

主要收获是通过解剖北城墙，探明盘龙城城墙的营造年代为商代二里岗期；在城内东北部发现两座商代大型建筑基址，并揭露出一座保存较好的宫殿建筑基址；在李家嘴发掘三座商代墓葬，其中李家嘴 2 号墓面积达 12 平方米，出土近百件文物，是目前商代前期规模最大、等级最高的贵族墓葬，李家嘴 3 号墓出土了我国商代最大的玉戈，长度达 94 厘米。

此次发现对于认识商代前期商王朝的南土等问题具有重要学术价值，在国内外历史和考古学界引起了强烈反响。1975 年 4 月，由俞伟超执笔的《盘龙城——长江中游商代城址的新发现》在《光明日报》发表，提出盘龙城是长江流域进入文明时代最早的城市，是商朝南土的一个都邑。随后，相关方面组织编写了一组有关盘龙城发掘和研究的论文，刊登在《文物》杂志 1976 年第 2 期上。1976 年，郭沫若主编的《中国史稿》一书中引用“盘龙城宫殿复原图”，肯定了盘龙城发现商代城市遗址的重要意义。

1976 年下半年，为继续了解城址的建筑年代、结构布局，以北京大学历史系考古专业师生与湖北省博物馆文物考古工作队为主体组成盘龙城考古发掘队（图一四），开展了第二次大规模发掘，北京大学历史系考古教研室李伯谦与湖北省博物馆文物考古工作队王劲联合主持了盘龙城宫殿区、南城墙和城壕的发掘工作。

主要收获是揭露出 2 号商代大型宫殿建筑基址，并在基址西侧发现陶制排

图一三　1974 年盘龙城 1 号宫殿基址发掘现场

图一四　1976 年盘龙城考古发掘队工作人员合影

水管道，较为完整的揭示出了盘龙城“前朝后寝”的宫殿建筑布局；解剖了一段南城墙和南城壕，大致了解城墙结构、城墙与城壕的关系以及城壕内的设施和堆积情况。

（三）基本建设中的清理发掘（1977～1996 年）

1979—1996 年，为配合当地农田水利工程，时任湖北省博物馆盘龙城考古工作站（1989 年后为湖北省文物考古研究所盘龙城考古工作站）站长的陈贤一长期主持了盘龙城遗址的考古勘探、发掘、整理与研究工作，发掘面积近 7000 平方米，在王家嘴、杨家嘴、杨家湾、李家嘴等遗址点，发现了一批手工作坊、中小型建筑基址和数十座商代墓葬，包括盘龙城晚期规格较高的杨家湾 11 号贵族墓，对盘龙城遗址分布范围、聚落布局和文化面貌有了基本了解。

1979 年，在城址北城墙外和南城墙外各发掘了一段城壕，北城壕面宽 12.8、深 4.6 米，南城壕面宽 6.8、深 2.1 米，在南城壕壕沟内发现木桩、木板结构痕迹，可能与水运交通有关。1989 年，在西城墙南段东部清理一座打破城墙墙体的商代贵族墓葬，出土 16 件随葬品。

城墙外的北侧、西侧发现作坊遗存。1979 年，在北城墙和考古工作站之间的杜家塘布置探沟进行发掘，揭露出黑木炭烬土、红烧土及陶缸群。1984 年，在西城墙外北侧的湖沼地开设探沟进行试掘，同样发现黑灰烬土和陶缸群，推测为作坊遗迹。当时为了保护遗存，未进一步发掘并覆土回填，出土遗物被当作采集品处理。

王家嘴位于城外南侧，临近南城墙。1979 ～ 1985 年，为配合府河防洪堤的修筑进行考古发掘（图一五）。发掘分为南、北两区，北区发掘从 1979 年至 1985 年，发掘面积 1845 平方米。南区发掘从 1983 年一直持续到 1985 年底，发掘面积 1250 平方米。共计清理发掘 3 处建筑遗迹、3 座窑址和 10 个灰坑。

杨家湾位于城外西北侧。1980 年，在杨家湾坡顶发掘 950 平方米，发现 1 条灰烬沟、3 个灰坑、1 座祭祀坑、3 座房基；1981～1992 年，配合当地农业生产建设清理 10 座墓葬；另外，20 世纪 90 年代，在杨家湾南坡西侧的鱼塘边采集铜勾刀、铜觚、铜戈等青铜器。以上考古发现的遗存丰富且分布较为集中。

杨家嘴位于城北岗地东部。1980 年至 1983 年，为配合当地鱼池建设，考古发掘面积 1214 平方米，共发现 1 条灰烬沟、2 座房址、2 个灰坑、10 座墓葬等。

李家嘴位于城外东侧的岗地上，20 世纪 80 年代，当地政府修建防洪堤将其西端与城址相接。1985 年，为配合筑堤工程发掘了一批商代灰坑并清理了 1 座残墓。

图一五　1979 年发掘府河堤内王家嘴 1 号窑址

楼子湾位于城外西侧，临近杨家湾、小嘴。20 世纪七八十年代，清理 5 座商代墓葬和少量灰坑。

江家湾位于城外西侧，临近杨家湾、楼子湾。1996 年，当地村民发现青铜器，考古人员清理出一座商代贵族墓葬，出土 10 余件文物。之后，当地村民在建房、耕地等生产过程中陆续发现有商代墓葬。

童家嘴位于盘龙湖北岸，与杨家嘴相望。1980 年 4 月，在童家嘴南坡湖岸边采集一批青铜器，经过清理确认是一座带有腰坑的商代贵族墓葬，出土 12 件残余随葬品。

（四）配合大遗址保护展示的发掘（1997～2017 年）

为了加强对盘龙城遗址的保护管理，自 1997 年开始，武汉市政府主动与湖北省政府及相关文博管理机构对接，请求将盘龙城遗址移交武汉市管理。其后，武汉市文物考古研究所和武汉大学先后主持盘龙城遗址的考古发掘工作。

1997 年 11 月～1998 年 4 月，为配合“武汉建城年代及商周时期武汉历史综合科研”项目，盘龙城考古工作队首先对整个盘龙城遗址进行地球物理勘探，根据勘探线索在东南城壕附近的区域试掘，提取了一组 ^{14}C 样本，并清理出部分商代遗迹，包括 1 座圆窑、2 个灰坑、2 条灰沟；在杨家湾村民组邓志元房屋后 3 米发掘杨家湾 1 号商代水井；在杨家嘴东侧湖边清理了 3 座商代墓葬。

2000 年 3 月，遗址管理权正式移交到武汉市，同年湖北省人民政府公布盘龙城遗址保护区范围，面积为 1.1 平方千米。2001 年，武汉市文物考古研究所等单位运用课题意识，对盘龙城遗址进行了更大规模的勘探调查，在杨家湾北坡、杨家嘴以及艾家嘴等地点发现 800 多米长疑似外城墙的遗迹。2001 年和 2006 年，两次在杨家湾村民组杨柳青房屋处发掘杨家湾 13 号商代贵族墓葬。

2004 年底，商代盘龙城遗址保护规划项目在国家文物局正式立项，纳入全国“十一五”大遗址保护重大项目库。自 2005 年 12 月至 2006 年 7 月，为配合保护规划的编制工作，盘龙城考古工作队在盘龙城周边地区 15 平方千米范围内进行了一次较为全面的文物考古调查勘探和重点部位试掘工作，基本上摸清了盘龙城遗址及周边区域的文物分布情况，在此期间建立起以考古坐标体系为基础的盘龙城大遗址考古分区系统，扩大了遗址分布范围的认识，使盘龙城遗址得以完整保护下来。

2006 年，为配合盘龙城遗址村民整体搬迁，对拆迁的杨家湾、杨家嘴等地点进行了保护性的清理发掘。其中，在杨家湾岗地南坡发现商代大型建筑基址 1 处，并在随后的 2008、2011 年对该处建筑基址进行了大规模的发掘揭露工作，共发掘面积 1250 平方米；在杨家嘴岗地坡顶南侧发掘出 1 座宋代墓葬、9 座商代墓葬、1 座商代建筑基址及若干灰坑等，并首次发现了商代象牙，此区域应为一处小型商代墓地。2008 年 1 月，武汉市盘龙城遗址博物馆筹建处对小嘴岗地中部东侧湖边暴露出来的文物进行抢救性发掘，清理宋代和商代墓葬各 1 座，宋代墓葬打破了商代墓葬，为研究盘龙城一带的历史变迁提供了直接的考古学证据。

2012 年 9 月至 12 月，为配合盘龙城考古遗址公园建设，湖北省文物考古研究所、武汉市文物考古研究所、武汉大学历史学院、武汉市盘龙城遗址博物馆筹建处联合对盘龙城遗址外围区域进行大范围的考古勘探，共勘探区域面积 220 万平方米，发现或复查文物点 17 处，其中商代遗存 5 处、东周遗存 4 处、宋—明清时期遗存 8 处。其中，武汉大学历史学院对大邓湾与小王家嘴岗地进行勘探，在小王家嘴岗地坡顶区域发现多座商代墓葬，而在大邓湾区域未能发现较多的考古遗存。武汉市文物考古研究所对长峰港区域开展了考古勘探，在丰家嘴和小杨家嘴发现有商代文化堆积，丰家嘴区域现存堆积总面积约 520 平方米，小杨家嘴岗地上的商代遗存向西延伸至盘龙湖湖岸。湖北省文物考古研究所再次对童家嘴进行了勘探，在童家嘴南坡发现有小范围分布的商文化层。经过此次工作，摸清了盘龙城遗址一般保护区及建设控制地带的文物分布状况，为建成盘龙城遗址考古公园及盘龙城遗址一般保护区及建设控制地带内的其他建设项目提供了详实的勘探资料和科学依据。

图一六　小王家嘴墓地发掘现场

2013 年，按国家文物局要求，由武汉大学张昌平教授主持，武汉大学历史学院、湖北省文物考古研究所、武汉市盘龙城遗址博物馆筹建处、武汉市文物考古研究所共同参与，制订了《盘龙城遗址考古工作五年计划》，并在盘龙城遗址布设三维控制网，为考古工作打下了坚实的空间测绘基础。在盘龙城遗址杨家湾大型建筑基址西部进行发掘，发现一批商代墓葬与灰坑，出土了商代前期绿松石金饰件和青铜带鋬觚形器、兽面纹铜牌饰等一批珍贵文物。2014～2016 年，对宫城城墙、城壕、宫殿建筑基址及李家嘴墓地域进行了全面勘探，详细了解城墙建筑结构、城壕走向、宫殿基址布局和李家嘴贵族墓葬位置。2015 年，在小王家嘴岗地发掘 21 座商代墓葬（图一六），为认识盘龙城遗址边缘的聚落布局增添了新的考古资料。2015～2017 年，连续对小嘴展开考古发掘工作，揭露出灰沟、房屋等可能与铸铜生产相关的遗迹，并发现有陶范、坩埚、青铜颗粒、砺石、木炭块等铸铜遗物，初步判定小嘴为盘龙城聚落内的一处青铜器生产区域。以上考古工作进一步丰富了遗址布局和文化内涵，为盘龙城遗址核心保护区本体保护工程顺利实施提供了科学依据。

二、管理机构沿革

（一）盘龙城考古工作站

1956 年，盘龙城遗址被列为湖北省第一批重点文物保护单位。盘龙城遗址的保护，纳入了有效的法律程序。但那时除了湖北省文物管理委员会之外，各地、县均无专业的文物保护机构，保护工作也不能完全落到实处。

1974 年，北京大学历史系与湖北省博物馆文物考古工作队联合主持发掘盘龙城遗址，发现了宫殿建筑基址和大型商代贵族墓葬，引起湖北省委主要领导的重视，并得到指示“这处遗址很重要，应加强保护工作，同意兴建一些工作急需的工作间和存放文物的房屋”。1975 年，湖北省博物馆负责兴建了占地 710 平方米的盘龙城考古工作站，工作站的主要任务是配合当地的农田水利建设，结合商代考古课题的需要，在盘龙城遗址上开展考古发掘与文物保护工作。自此，盘龙城遗址的保护工作走上了正轨。

盘龙城考古工作站设立期间，始终面临着遗址保护和发展民生的矛盾问题。这其中的艰辛困苦，非亲历者无法体会。

盘龙城一带为低矮的丘陵岗地，又临近府河，常遭洪水侵袭。洪水泛滥还会带来血吸虫病的传播，对当地村民的身体健康造成极大侵害。1974 年秋季开始，当地基层组织决定在盘龙城外修筑围堤，抵挡水患。工作站考古人员意识到取土筑堤很可能会威胁到盘龙城城墙及其周边遗存的安全，于是与施工方约法三章：只能挖远离古城的府河河床的淤土，不能动王家嘴岗地和城墙附近的文化地层，要把文物保护放在第一位。考古人员除了发动力量劝阻民工在遗址上挖土外，还主动在取土筑堤涉及的区域范围内及其附近，如李家嘴、王家嘴、南城壕等地点开展抢救性清理发掘。

1988 年，盘龙城遗址被列入第三批全国重点文物保护单位名单，盘龙城遗址的保护工作提升到更高的层次和规格。囿于遗址保护的要求，当地村民发展经济、解决民生的路径受到极大限制，例如坡地改梯田、挖鱼池、建砖厂等大型基建工程被盘龙城考古工作站及时出面制止。工作站考古人员在力所能及的条件下解决当地村民遇到的一些生产生活困难，比如修建连接村内外的道路、搭建水管解决吃水问题等。1992 年，盘龙城考古工作站负责人陈贤一给黄陂县文化局写了一份关于开发盘龙城的书面报告，引起县、市两级政府的高度重视。1993 年，由武汉市规划局牵头，会同湖北省文物考古研究所、武汉市林业局、武汉市旅游局等部门完成了《盘龙城遗址风景区保护开发规划》，计划开辟盘龙城遗址风景区旅游带动当地经济发展的新途径。

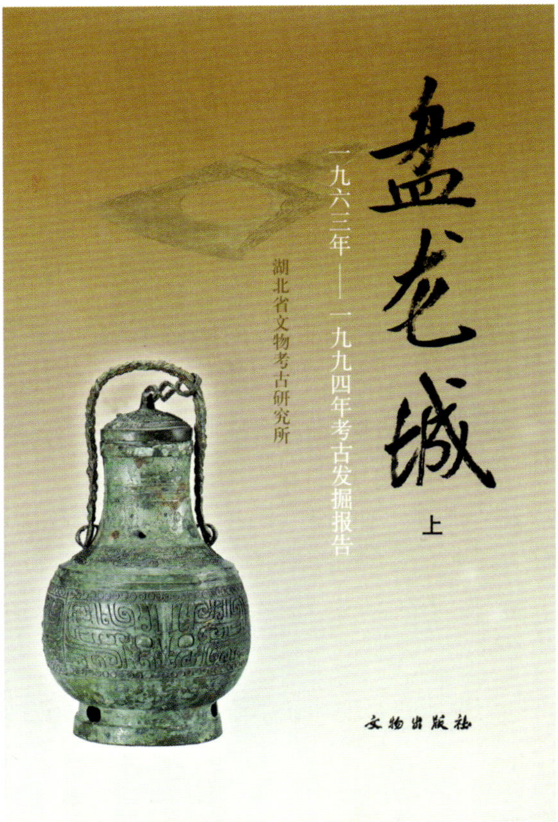

图一七　《盘龙城：一九六三年——一九九四年考古发掘报告》

盘龙城考古工作站在长期的考古实践中不断摸索考古发掘和文物保护的工作经验。1985 年下半年，盘龙城考古工作站组织业务力量，对盘龙城遗址进行地面调查和局部勘探工作，编写了《黄陂盘龙城商代遗址保护范围及保护措施》。1995 年 7 月，在城址东北角高地树立湖北省人民政府制作的全国重点文物保护标志碑。1996 年，在武汉市楚文化学会的支持下，开设盘龙城遗址文物陈列室。工作站负责人陈贤一采取“请进来、派出去”的办法，培养了一批专业修复技术人才和考古研究人员。工作站的修复技工只用了几年时间，就修复了数百件青铜器、近两千件陶器。据不完全统计，盘龙城援外修复考古出土文物的次数有几十人次之多，先后派出支援过的省市有安徽、江西、河南、山西、湖南、广东及宜昌、江陵、荆门、襄阳、黄冈、咸宁等，为各地培养了许多陶器修复人员。工作站考古人员认真对待盘龙城的考古发掘、文物修复和资料整理，编撰出版了《盘龙城：一九六三年——一九九四年考古发掘报告》（图一七）、《盘龙城青铜文化》等研究盘龙城的重要著作。

（二）武汉市盘龙城遗址博物馆筹建处

1997 年以来，武汉市人大、市政协委员多次提案，建议将盘龙城遗址纳入武汉市政府统一规划管理。为了更好地保护好、利用好盘龙城遗址这一不可多得的宝贵文化遗产，武汉市政府经过不懈努力，多方争取，在 2000 年实现盘龙城遗址由湖北省移交给武汉市管理。武汉市编委批准设立“武汉市盘龙城遗址博物馆筹建处”，隶属于武汉市文物管理办公室。

成立之初，武汉市盘龙城遗址博物馆筹建处有 15 名编制员工，鄂学玉任筹建处主任，下设办公室、文物保护部、宣传开发部、安全保卫部四个部门，负责遗址的保护管理、考古发掘、宣传接待、陈列展览、科学研究及开发建设工作。博物馆筹建处作为临时过渡机构，以原有盘龙城考古工作站为办公场地，对工作站的危旧房屋和展览陈列室进行了维修提升。

在国家、省、市、区等各级政府部门指导和支持下，于2002年在武汉市召开商代盘龙城与武汉城市发展研讨会（图一八），形成“盘龙城是武汉城市之根”的基本共识；2004～2006年，完成遗址核心保护区内的叶店村杨家湾、江家湾两个村民组的搬迁安置工作；2005年，由市文化局组织专家对馆藏文物进行鉴定，共计定级200件（套）二、三级珍贵文物；2007年，第六届全国城市运动会圣火——“城市文明之火”采集活动在盘龙城遗址成功举行；2008年，完成“馆藏文物数据库建设”与文物“四有”工作资料补充与刻录工作，并实行免费对外开放；组织编制《盘龙城遗址保护总体规划（2007—2025年）》，经过国家文物局审批后，2009年由湖北省人民政府公布，总体规划成为盘龙城遗址保护与建设的纲领性文件。

2009年，组织编制《盘龙城遗址文物保护工程方案》，方案对盘龙城宫城城墙、宫殿区、李家嘴墓地的复原展示和遗址公园大门口入口进行了设计，先后通过了湖北省文物局和国家文物局的审核、审批；确定盘龙城遗址博物馆选址在大邓湾和小王家嘴区域。2010年，武汉市政府组织召开关于盘龙城遗址文物保护工作专题会议，确定了盘龙城遗址文物保护工程建设“三步走”战略，即：第一步，盘龙城遗址保护展示工程；第二步，盘龙城遗址博物馆工程；第三步，盘龙城遗址公园其他建设工程。

2013年8月，盘龙城遗址本体保护工程正式开工，同年12月，国家文物局公布盘龙城考古遗址公园立项，标志着盘龙城遗址文物保护工作进入了新的阶段。为给盘龙城遗址保护和利用及建设盘龙城国家考古遗址公园提供有益参考，组织召开了商代盘龙城学术研讨会、盘龙城与长江文明国际学术研讨会、考古资产保护利用盘龙城论坛等一系列学术会议。2016年4月，盘龙城遗址核心保护区本体保护展示一期工程通过国家文物局验收。

图一八　商代盘龙城与武汉城市发展研讨会

（三）盘龙城遗址博物院

为了适应新形势下盘龙城遗址保护发展的需要，2016年8月，根据武汉市机构编制委员会批复，武汉市盘龙城遗址博物馆筹建处更名为盘龙城遗址博物院，列为公益一类事业单位，核定事业编制25名，万琳任博物院院长，设5个内设机构，分别是办公室、考古研究部、保管陈列部、宣传策划部、物业管理部。主要职责和业务范围是承担国家重点文物保护单位——盘龙城遗址的考古发掘及文物保护工作，管理遗址公园内的1.39平方千米盘龙城遗址核心保护区及盘龙城遗址博物院新馆相关区域，并开展大遗址的调查研究、展览陈列等工作。

盘龙城遗址博物院在上级组织领导下，发挥扎实肯干、团结协作、锐意创新的

国家文物局 百年百大考古发现

新石器（33项）：
河北武安磁山遗址、山西夏县西阴村遗址、山西襄汾陶寺遗址、内蒙古敖汉旗兴隆洼遗址、辽宁朝阳牛河梁遗址、上海青浦崧泽遗址、浙江浦江上山遗址、浙江余姚河姆渡遗址、浙江余杭良渚遗址、安徽含山凌家滩遗址、福建闽侯昙石山遗址、江西万年仙人洞、吊桶环遗址、山东泰安大汶口遗址、山东章丘城子崖遗址、河南舞阳贾湖遗址、河南新郑裴李岗遗址、河南渑池仰韶村遗址、河南三门峡庙底沟遗址、河南巩义双槐树遗址、湖北荆门屈家岭遗址、湖北天门石家河遗址、湖南道县玉蟾岩遗址、湖南澧县城头山遗址、广西桂林甑皮岩遗址、重庆巫山大溪遗址、西藏昌都卡若遗址、陕西神木石峁遗址、陕西西安半坡遗址、陕西临潼姜寨遗址、甘肃秦安大地湾遗址、甘肃临洮马家窑遗址、青海民和喇家遗址、香港马湾岛东湾仔北遗址。

夏商（10项）：
江西新干商代大墓、河南偃师二里头遗址、河南偃师商城遗址、河南郑州商城遗址、河南安阳殷墟（含洹北商城、后冈遗址）、湖北黄陂盘龙城遗址、湖北大冶铜绿山古铜矿遗址、四川广汉三星堆遗址、新疆若羌小河墓地、台湾卑南遗址。

两周（15项）：
北京琉璃河遗址、河北易县燕下都遗址、河北平山战国中山王墓、山西临汾晋侯墓地及曲村-天马遗址、山西侯马晋国遗址、山东临淄齐国故城、山东曲阜鲁国故城、河南三门峡虢国墓地、河南洛阳东周王城遗址、湖北随州曾侯墓群、四川成都金沙遗址、陕西宝鸡周原遗址、陕西西安丰镐遗址、陕西凤翔秦雍城遗址、甘肃张家川马家塬遗址。

秦汉（16项）：
北京大葆台汉墓、河北满城汉墓、吉林集安高句丽王城、王陵及贵族墓葬、江苏徐州汉楚王墓群、江西西汉海昏侯墓、山东临沂银雀山汉墓、湖北云梦睡虎地秦墓、湖南里耶古城遗址、湖南长沙马王堆汉墓、广东广州南越国宫署遗址及南越王墓、广西合浦汉墓群、云南晋宁石寨山古墓群、陕西汉长安城遗址、陕西秦咸阳城遗址、陕西秦始皇陵、新疆民丰尼雅遗址。

三国至隋唐（9项）：
河北临漳邺城遗址及磁县北朝墓群、黑龙江渤海国上京龙泉府遗址、河南汉魏洛阳城遗址、河南隋唐洛阳城遗址、陕西法门寺遗址、陕西唐大明宫遗址、甘肃敦煌莫高窟、青海都兰热水墓群、新疆吐鲁番阿斯塔那古墓群。

宋辽金元（9项）：
内蒙古辽上京遗址、内蒙古元上都遗址、黑龙江金上京会宁府遗址、浙江杭州南宋临安城遗址及官窑遗址、山东青州龙兴寺遗址、河南许昌白沙宋墓、广东“南海I号”沉船、贵州遵义海龙屯城址及播州杨氏土司墓群、宁夏西夏陵。

明清（3项）：
北京明定陵、江西景德镇御窑厂窑址、四川江口明末战场遗址。

图一九　国家文物局网站公布的百年百大考古发现名单

精神，博物院综合管理水平显著提升，积极发挥公共服务职能，推进文物保护事业持续发展，扩大行业和社会影响力，努力将盘龙城遗址打造成为武汉市历史文化的靓丽名片。

近年来，盘龙城遗址博物院建立武汉大学盘龙城遗址考古工作基地、中美盘龙城联合考古工作基地、湖北省文物考古研究院盘龙城考古工作站，持续开展的盘龙城考古发掘工作入围 2015 年度全国十大考古新发现、获得 2016～2017 年度田野考古三等奖、百年百大考古发现（图一九）、湖北六大考古新发现等；策划实施的盘龙城遗址基本陈列项目获得第三届（2018 年度）湖北省博物馆纪念馆六大陈列展览精品奖、第十七届（2019 年度）全国博物馆十大陈列展览精品奖、新时代博物馆百大陈列展览精品等荣誉称号。曾先后获评全国文物系统先进集体、武汉市爱国主义教育基地、武汉市党员干部教育基地、湖北省爱国主义教育基地、全国最具创新力博物馆、湖北省最美公共文化空间、世界最佳遗产项目、中国华侨国际文化交流基地等。

第六节 公园建设

一、建设历程

自 2000 年盘龙城遗址管理权正式移交给武汉市以后，武汉市委、市政府和黄陂区委、区政府高度重视盘龙城遗址的保护开发利用工作。当地政府将保护利用盘龙城遗址作为一个系统工程，除了成立专业保护机构——武汉市盘龙城遗址博物馆筹建处之外，还成立了不同层级的政府协调管理机构。

2003 年，为“十一五”期间大遗址保护工作做准备，国家文物局选定了包括盘龙城遗址在内的保护工作基础较好的 30 处国家重点文物保护单位编制遗址保护规划纲要。2004 年 7 月，在我国大遗址保护行动即将拉开序幕之际，武汉市专门成立了盘龙城遗址文物保护建设工作领导小组，由市委副书记任组长，市委常委、宣传部长和主管文化工作的副市长任副组长，市、区有关部门和相关单位负责同志组成，负责研究和解决盘龙城遗址保护开发工作中拆迁安置、规划编制、文物保护等一系列的问题。2004～2005 年，市政府下拨 2100 万元专款，对遗址核心保护区杨家湾、江家湾两个自然村民组 116 户、366 人进行整体搬迁，并拆村落建筑，为盘龙城遗址核心保护区的保护工作奠定了基础。2004 年底，商代盘龙城遗址保护规划项目在国家文物局正式立项，纳入全国“十一五”大遗址保护重大项目库。2005 年 7 月，武汉市政府在盘龙城遗址文物保护建设工作领导小组的基础上成立专班，负责《盘龙城遗址保护总体规划》制订工作。2006 年 1 月，武汉市政府发布的《武汉市国民经济和社会发展第十一个五年总体规划》将盘龙城遗址保护、盘龙城遗址公园建设列入其中，并将其作为 2006 年政府一级工作目标。

2006 年 3 月，国家文物局与财政部到湖北省考察大遗址保护建设工作，在省、市文物部门负责人陪同下，专程考察盘龙城遗址，确定将盘龙城遗址作为大遗址保护与展示的重点项目。为加快进度，4 月初，湖北省文物局成立盘龙城大遗址保护与展示规划工作领导小组，办公室设在武汉市盘龙城遗址博物馆筹建处。湖北省文物局盘龙城工作领导小组的成立，使省、市在盘龙城遗址保护上形成了合力，最终使《盘龙城遗址保护总体规划（2007—2025 年）》通过湖北省人民政府批复，盘龙城遗址保护项目工程获得国家文物局批准立项。

2012 年，武汉市再次调整盘龙城遗址文物保护建设工作领导小组，健全了以主管文化工作的副市长为组长、黄陂区相关部门领导为成员的工作专班，明确将遗址博物馆、遗址公园及配套工程建设的责任主体明确划转为黄陂区。黄陂区高度重视，于 2013 年设立了盘龙城考古遗址公园建设指挥部。

自此，省、市、区三级领导小组与建设指挥部的成立，使各级政府统一了认识，形成了合力，在盘龙城遗址保护展示与遗址公园建设工作中发挥了巨大作用。当地政府在盘龙城经济开发区内划出将近 5 平方千米的土地用于盘龙城遗址的保护，先后累计投入 10 余亿元，修建了盘龙大桥、盘龙城地铁站、盘龙大道、巨龙大道、遗址公园环路、给排水、电力、通讯等设施，优化了遗址周边的基础设施，有效改善了交通、通信、环境等条件。

2013 年 8 月，盘龙城遗址本体保护工程正式开工（图二〇），同年 12 月，盘龙城考古遗址公园被国家文物局列入第二批国家考古遗址公园立项名单，标志着盘龙城考古遗址公园建设进入了新阶段。2015 年 7 月，盘龙城遗址核心保护区环境整治项目工程开工建设。2016 年 4 月，盘龙城遗址核心保护区一期本体保护展示

图二〇　盘龙城遗址本体保护展示工程开工现场

工程通过验收，同年8月，遗址博物馆建设项目开工。2017年4月，盘龙城考古遗址公园对外试运行开放，同年12月，盘龙城国家考古遗址公园获批挂牌，成为武汉市首个国家考古遗址公园。2019年6月，盘龙城遗址核心保护区二期本体保护展示工程和环境整治工程建设项目通过验收，同年9月，盘龙城遗址博物院正式对外开放。2021年，完成遗址公园导视系统调整升级项目。

二、建设内容

根据2022年11月湖北省文化和旅游厅组织专家评审通过后的《盘龙城国家考古遗址公园规划》，遗址公园规划范围约4.777平方千米（图二一），规模巨大，计划分三期建设，目前已完成一期建设，即遗址核心保护区的保护展示工程、盘龙城遗址环境整治工程及遗址博物馆的建设，面积约1.82平方千米。遗址核心保护区保护展示工程主要有商代城墙、壕沟、宫殿基址、李家嘴墓地等。

按照“保持原貌、修旧如旧”的原则对城墙遗存进行保护展示。清理表层浮土和树根，对墙体进行覆土夯实和覆草绿化，城墙及城门的地表轮廓得以清晰展现，实现了较好的保护和展示效果。根据地形条件，用鹅卵石标示北城壕的宽度和

图二一　盘龙城国家考古遗址公园总体规划图

走向。精确定位城址内 1 号、2 号宫殿基址后，进行覆土保护，使用轻质材料并采用泥塑工艺的解构手法模拟展示宫殿的残墙断壁，展示出木骨泥墙、夯土筑造等建筑工艺细节，现场观感真实。宫殿旁采用模拟考古探方的形式增强了考古现场感。确定李家嘴墓地中的各个墓穴位置，修复地表环境，夯实边坡，并覆土保护表面，采用植物标识墓葬位置和规模，周边设置相应的标识牌，让墓葬的展示与自然环境融合。

公园绿化主要涉及参观道路两侧和保护展示区域，只填不挖，具有可逆性，以达保护地下遗存的目的，而未列入工程绿化区的大片区域不进行人工干预，均为原有自然绿化，以显生态环保。绿化区原来有价值的树种均有效留存，新种植物有乔木、花卉、茅草、草地、水生植物等，其大多与周围环境协调。环境整治使公园的生态环境得到了最大的保护，在良好的自然环境下向世人展示考古成果。

园区内设置了互动体验区、考古工作现场等专门公共考古展示区域。遗址重点区内各景点的环形参观道路总长约 5 千米，以博物馆东侧为起点，经小王家嘴、杨家湾、盘龙湖畔、考古工作站、宫城城墙、小嘴、艾家嘴、江家湾互动体验区，连接公园主干道，形成参观环线。砂石路、木栈道、仿木桥梁、汀步石等相间，蜿蜒穿插于山林湖塘之间。人们轻松缓步其间，可展望遗址，参观考古现场，体验湖光山色的自然美，达到历史文化与自然结合、陶冶情操的目的。秉持寻访古迹、亲近自然的理念，盘龙城国家考古遗址公园将文物遗迹、博物馆历史文物、考古发掘现场与湖泊湿地山水有机结合，形成了别具一格的人文地理风貌。

第二章

现状评估

盘龙城遗址长期以来受到自然因素影响，风雨侵蚀、植被生长，遗址面貌已发生了翻天覆地的变化，再加上受到人为因素影响，遗址上建成了零星村落，村民在遗址上生活、生产，这些因素都导致了盘龙城遗址本体的破坏。2005 年至 2013 年，在编制盘龙城遗址保护总体规划及本体保护工程方案时，设计单位曾多次对盘龙城遗址进行现状调查和评估。

首先，了解遗址的地理位置、地貌环境、水文特征等自然环境，获取遗址现存状态和本体结构上面临的病害问题，以便分析自然条件对遗址形成和发展的影响，以及进行后续保护条件的评估。其次，通过考古调查和勘探，从而全面获取遗址的整体构成和分布，形成对遗址分布格局和分布现状的认识。再结合现状调查，掌握各个遗址点详细的形制特点、病害类型、病害分布等现状和曾经采取的保护修缮措施，从现状分析病害的产生原因、影响速率和破坏危害程度以及评估现有措施对文物遗迹的影响，为后续保护展示工程设计提供基础资料和必要的技术参数，进而制订更科学有效的保护方案。

第一节 影响因素

一、自然因素

盘龙城遗址的自然破坏因素有风蚀、暴雨洪涝威胁、雨水冲刷、水融（土质遗存的表层在水分作用下融化，干燥后结成薄片，形成一层脆弱的片状硬壳附着在墙体上）、卸荷（会造成土体边坡失稳，土体边缘产生严重的卸荷裂隙，发生崩塌和滑坡）、盐碱影响、动植物影响、水土流失、生态系统失衡等。

在夏商时期，该地区处于大型内陆湖沼区的边缘。盘龙城的陆地面积比现今遗址可见的陆地面积要大约 2 平方千米。在商代低水位时期，盘龙城区域的各个岗地，例如艾家嘴、王家嘴、杨家嘴、李家嘴、童家嘴、小王家嘴等，相互之间均可通过陆地连接起来，形成密集分布的城市聚落布局。盘龙城周边水域与府河一直处于自然连通的状态。然而经历了 3500 多年的历史和地理环境变迁，特别是近现代的人们为了防洪需要，在城址外侧修建了防洪堤坝，盘龙城遗址最终形成了被当代高水位河、湖所环绕的地貌形态现状。整个遗址的地貌环境是府河北岸的阶地，原生地貌受到了一定的扰动，导致盘龙城遗址遭受土壤侵蚀的情况十分严重，在岗地顶部随处可见土壤遭侵蚀后裸露于地表的网纹红土，但整体地貌尚存一定轮廓，仍保持了基本的地形地势关系（图二二）。

处于防洪堤内外和盘龙湖边的盘龙城遗址常年受到河湖水的冲刷影响，每到枯水季节，岗地斜坡上的遗存直接暴露出来。盘龙城遗址处于武汉市城区以北主要的行洪排涝通道上，每年汛期或者内涝都对整个遗址造成不同程度的损毁。由于城址接近四面环水，且城址内侧部分地势较低，形成水塘。这些水的存在对城址的影响十分不利，对南城墙来说影响尤为明显。南城墙内部积水较深，直接浸泡着城墙的内侧墙体。在勘察过程中可以看到南城墙外侧表面有明显的水流迹象（图二三），应为城内长期积水造成的墙体渗水。因此，积水对城墙的长期浸泡非常不利于城墙的保存。

图二二　21 世纪初的盘龙城遗址

武汉属亚热带季风性湿润气候区，夏季具有雨量充沛、日照充足的特点。盘龙城遗址临近府河和盘龙湖，府河和盘龙湖水质较差，影响湿地生态系统的健康。遗址区内地表水分布广泛，植被茂盛且遍布整个遗址。特别是在遗址核心保护区的村民搬迁以后，很多地方灌木杂草丛生。大量的野生植被对遗址表面造成了不利的影响，茂盛的灌木遮蔽了遗址原有的地形地貌，基本上看不到遗址本体。调查过程中，发现在城址的北城墙、西城墙生长着数量较多的高大乔木，以野生的构树、桑树为主，而东城墙和南城墙情况稍好一些，主要以较小的树丛为主。在植被落叶降解的过程中，不仅加速了城墙表面夯土的风化速度，造成表面夯土的强度降低，形成水土流失，而且大型乔木的根系对夯土的根劈作用也十分明显，随着根系进入夯土，破坏了夯土内部的完整性，进而成为雨水进入夯土内部的通道，使夯土内部逐渐分解、风化、消失（图二四）。长期如此会严重降低城墙土体的力学性质，有可能造成城墙整体的不稳定，不利于城墙的长久保护。除了较大面积的乔木外，遗址表面还生长了密集的灌木和茅草。商代文化层和遗迹距离地表很浅，有的地方甚至直接暴露在地表，地表植被对遗址本体产生较大的破坏作用。

当地为多雨潮湿的气候，城墙内外地势崎岖不平，积水较严重，城墙上部的含水率均高于下部，这些说明城墙上部土体的水分主要来源为雨水。城墙土体的饱和含水率在 22% 左右，饱和含水率偏低，说明土体的吸水能力不佳，容易受到水的破坏，会导致墙体表面的软化变形，陡立侧面的垮塌以及接近水的部位可能存在泛盐破坏。经过实地检测，城墙的可溶盐主要为硫酸盐，整体含盐量不高，遗址的破坏受到的盐害相对较小。

图二三　南城墙渗水现象

图二四　北城墙表面风化严重

二、人为因素

盘龙城遗址的人为干预因素有耕作扰土、放养牲畜、建设房屋、取土掏挖、开掘池塘、管理力度不够、城市建设等。

首先是防汛取土对遗址造成了不可逆的严重损害。新中国成立初期，盘龙城遗址尚未被发现确认为古城遗迹。1954 年的防汛抗洪取土导致盘龙城的四面城墙几乎被破坏殆尽，当时盘龙城由一个高出四周地面约 6～7 米的土城变成了一个与城内外地面基本持平，甚至更低的遗址。20 世纪七八十年代，当地防汛抗洪和修筑府河堤坝在遗址附近区域，虽有盘龙城考古工作站人员配合清理取土范围内的商代遗迹，但盘龙城遗址的李家嘴、王家嘴、小嘴、艾家嘴等仍遭到一定程度的破坏，并明显改变了这些遗址点的地貌环境。

其次是农民生产、生活对遗址环境的破坏。历年来，当地村民放养牲畜、兴修鱼池、围湖筑堰、挖渠修路、平地耕种、新建住宅、垃圾堆放等生产生活建设活动使得遗址地形地貌不时受到人为破坏（图二五）。自 2000 年武汉市盘龙城遗址博物馆筹建处成立以后，虽然不会发生大规模的取土情况，但是人类活动一直持续对遗址造成破坏。乡村道路纵横占压在城址之上，来往的行人和车辆对遗址本体和环境造成持续性的不利影响。因耕种进行的土地平整、灌溉沟渠的开挖等行为使城墙表面形成了高低不等的台地，以西城墙表现得较为突出。再加上自然降雨对城墙边坡部位的冲刷也形成了大小不一的冲沟，一定程度上进一步造成了城墙土体缺失。

盘龙城遗址周边的土地利用以居住为主，2002 年以来遗址周围的房地产开发迅猛，建成或在建的不同高度住宅从四面包围了遗址，对盘龙城遗址环境景观造成潜在的威胁。遗址周围自然植被遭到严重破坏，特别是近些年由于开荒、农垦指数较高，加之近代城市化进程的加速，遗址区内天然森林植被、原生的地带性植被不存，只存有小块人工次生林和局部的天然湖沼草甸植被群落。

城墙主体因人工取土、水土流失造成边界不清，实地勘察中对城墙边界的确认是根据考古资料和现场专业人员的配合下共同确定的，但其结果仍需通过考古勘探进一步核实。盘龙城遗址的大部分考古发掘地点，在发掘结束后已经进行原址回填保护。遗址南部受破坏程度较北部严重，其中艾家嘴与王家嘴南部最为严重，许多文化遗存直接裸露地表，主要原因是修筑河堤取土等生产活动破坏，李家嘴被防洪堤占压部分，保存情况不明。

公园建设工程实施前，遗址区内只有沙土路一条（图二六），其他均为踩踏小路，园区路网系统不明晰。遗址核心保护区的电力系统线路架设方式均为混凝土杆

图二五　东城墙外坡的养鸭场

图二六　遗址区内的沙土路

架空线路，暴露于地面之上，影响遗址区域内的设施建设，并且公共线路已严重超负荷，供电线路滞后等等，急需加以改造。卫生、雨污排放、导览标识等相关配套设施在公园建设工程实施前则完全没有。

针对以上遗址面临的病害因素，提出以下保护建议。

遗址内水源分布较多，整个遗址要注意防洪问题，遗址内要做好排水设施，避免存在大面积积水。即使是已经回填的遗址点，积水还是会破坏遗址本体，遗址积水会导致表面的软化变形，加剧造成遗址陡立侧面的垮塌以及接近水的部位泛盐破坏。因此，要避免遗址被雨水淹没和长时间浸泡，做好排水措施非常重要。府河北侧的防洪堤坝分割了盘龙城遗址的王家嘴、李家嘴、艾家嘴等地点。由于府河河道属于长江流域的泄洪区，防洪设施经过水利专业部门测算，不宜改建，而且现有防洪堤坝有效地保护了盘龙城遗址的大部分区域，所以对现有防洪堤坝需要进行监测和及时维护，加强洪水预警和防治工作。

盘龙城遗址面临的自然环境较为恶劣，保护难度很大，必须立即采取措施加强遗址本体的保护，注意避免人为破坏，同时采取措施减缓自然破坏。对于土遗址一般常用的保护措施是采取牺牲性保护层，即为了避免雨水冲刷，在遗址表面上铺设泥土的牺牲保护层。在采取这一措施时，牺牲保护层的下面要铺设防渗层，避免对遗址本体产生直接破坏，需要注意使用当地的泥土以与原遗址相协调。为了避免开裂，保护层内部可以添加草纤维或者化学纤维。同时，为了增加耐水冲刷能力，保护层的泥土中还可以加入乳胶，并注意日常维护。夏季高温干燥的气候开裂容易导致墙体垮塌，为了防治城墙裂缝可使用泥土和化学材料配制的灌浆材料，泥土起填充作用，化学材料起胶结作用，这样形成的材料与原始土体结合紧密。对于城墙陡立的边坡需要采取支护措施，支护手段可采用木桩支护或使用混凝土的挡土墙，但要注意不让其暴露在外面。

自然环境的城址上生长较多的树木，特别是一些高大的乔木对城址的穿透能力很强，树根的生长会挤裂土体，导致垮塌，促进水的灌入和破坏。对于城址上的树木和草类，若不进行大面积的保护措施时可维持原状，有条件的话采取措施抑制植物的生长，对于一些破坏遗址的植物和微生物，应进行针对性的清除。若对城址开展本体保护工程，则可采用物理或化学的方法清除树木，然后采用如牺牲保护层的方式进行保护。

健全盘龙城遗址管理机构的职能配置，按专业保护、安全防护、管理利用三大类补充、完善遗址管理部门构成，采取有效措施控制并逐步消除遗址分布区内的居民生产建设活动对遗址保存的干扰和破坏。控制措施包括分批搬迁村落、加强日常巡逻和监测、完善部分基础设施等。应及时拆除危害遗址本体安全性和影响环境景观和谐性的建筑物、构筑物。适当扩大看护队伍，定期对遗址及其防护设施进行清理和维护，设置电子监控系统对遗址实施 24 小时监控。落实和完成保护和管理工程项目，对遗址保护区划四至边界设置防护围栏、界标和标志碑，禁止盗挖遗址、非法建设、环境污染等人为干预破坏行为。

第二节 主要遗存现状

盘龙城商代遗存密集的地区是遗址的中心地带，其地上范围东西长 1100、南北宽 1000 米，四至边界为东至杨家嘴、李家嘴一线，南至府河之畔，西至艾家嘴、江家湾一线，北自江家湾经杨家湾北坡直到杨家嘴东北角。盘龙城夏商时期的主要遗存包括城墙、壕沟、宫殿基址以及李家嘴贵族墓地等重要遗迹。本体保护工程实施以前，盘龙城遗址主要遗存的保存现状如下。

一、城墙保存现状

盘龙城坐落在一片低丘岗地上，几乎四面环湖。城墙在 1954 年前还是一座高出四周地面约 6～7 米的土城。四面城墙中部皆有一城门豁口，1954 年夏季，抗洪抢险人员对其取土筑堤，盘龙城四周城墙遭到严重破坏。城址的西墙、南墙、北墙西段，以及古城东南、西南、西北的三个城角，在地面上尚有残墙，是我国目前保存较好的商代城址之一。在城址范围内，没有现代建筑叠压。城墙内外无有效的人工保护，风雨侵蚀，水土流失较严重，城墙逐年崩塌。城门处暴雨冲刷造成城墙塌方，城门豁口仅余 1 米宽。城内由于耕作破坏，一般文化层埋深仅约 0.5 米，田埂上有红烧土遗存暴露。城内东面及东北部地势较高，西面及西南角地势较低，东北部与西南部的高差达到 6 米。东北隅地形呈三级台地状，向南、向西地势逐渐下降。城内西南一侧为低洼地，地表之下多为淤积层，分析古时西南面洼地可能是城内的一个沟通内外的池塘。

原有考古发掘资料和研究证明，盘龙城的城墙周长约 1100 米，夯筑形制与郑州商城基本一致。城墙分段版筑，分主城墙和护城坡，主城墙采用平夯，墙体外坡陡、内坡缓；护城坡采用斜夯方法，对主城墙形成了有效的支撑，也加大了城墙基部的宽度。夯筑的城墙采用的土质较杂，多为红黄色混杂花土。

虽然城墙因人为取土、耕种、水土流失等原因遭到严重的破坏，但是整个城址的轮廓还是保持得较为清晰。由于现场灌木、乔木众多，加之城墙表面冲沟纵横，

图二七　2006 年的盘龙城城址

凸凹不平，给现场勘察带来了一定的难度（图二七）。城址四个方向的城墙现状勘察结果如下。

南城墙西段墙体较直，东段略为斜弧，墙体内壁最高处高出城内地面近 4 米，全长约 262 米，残宽为 21～28 米，西侧残墙高约 1～2 米，东侧残墙高 2～3 米，城墙中部有一缺口宽约 3 米。南城墙西段因受到城内积水及人为破坏等造成内侧破坏较为严重，城内的内渍积水经缺口外排，缺口两侧的城墙外侧均发现了明显的水渍和渗水的情况。南城墙东段北侧因地势高的原因，落差低、坡度稍陡，南侧基本形成了较为平缓的坡地。城墙部分地段基本被完全损毁，但局部仍保留了较高的墙体。城墙表面灌木、乔木众多，杂草树木丛生，雨水冲沟纵横，凹凸不平（图二八）。

北城墙损毁较严重，残存部分主要是城墙的基部，走向较直，全长约 261 米，墙基残宽 21～38 米，中部墙基的宽度在 25 米左右，可见低矮的 3 米宽北门豁口遗迹。城墙外侧形成了 2～3 个阶梯状坡度，还存在沟渠等人为痕迹。北城墙西段内侧边缘西部稍为清晰，稍高于城内地面，残高 2～3 米，东段墙基几乎被破坏殆尽，已经明显低于东北部宫殿区的夯土台基。北城墙顶部为后期人工铺成的砂石小路，贯穿整个北城墙（图二九），乡村道路从北城墙基址穿过对城墙破坏极大。除道路占压城墙外，整个北城墙区域杂树杂草丛生，以野生构树、桑树较多，形成了密集的树丛。

东城墙墙体损毁最为严重，仅存城墙基底的内外坡边缘，基底走向较直，全长约 287 米。城墙北段高度与城内东北宫殿区夯土台基的高度基本持平，内坡边缘已经消失，外侧形成了二级台地。中部和南段残留的城墙遗迹更少，其顶部基本已经低于城内和城墙内坡残留的高度。东南角部位基本被损毁殆尽。城墙表面杂草、灌木丛生，乔木主要存在城墙中部和外侧坡面。东城墙的墙基表面上存在一条从北城墙延伸过来的乡土小路。在现场调查中没有发现明显的东城墙豁口遗迹。东城墙外为防洪大堤围筑起来形成的池塘，当地村民在此养鸭对遗址本体和生态环境造成破坏（图三〇）。

西城墙全长约 290 米，墙基残宽 18～45 米，距城外地面残高 2～3 米。西城墙北段较直，外侧城墙护坡保存较为清晰，墙体内侧边缘则不太清晰。西城墙南端微内弧，城墙外侧坡脚位置较明显。西城墙中段因人为取土形成了较为平整的缓坡，残留的墙体宽度有 1～2 米。西城墙北段的内坡呈二层阶梯状，边缘较为清晰，但存在有较大的深坑，形成了水塘。西门豁口宽 3.6 米，豁口北侧残墙高 2 米，南侧残墙高 1.5 米，城门豁口被村民当作进入城内耕作的主要车行通道，居民的生产建设活动对西城墙侵扰较为严重（图三一）。西城墙表面灌木、杂草众多，且生长有大量的乔木，形成了密集的树丛。城墙表面的雨水冲沟纵横，凹凸不平。

图二八　南城墙西段植被丛生

图二九　北城墙上的乡村道路

图三〇　东城墙外坡被池塘浸泡

图三一　西城墙顶部被开垦为耕地

二、城壕保存现状

现场地表调查没有找到考古发掘的城壕遗迹（图三二）。根据原有考古资料，城址的南城墙、北城墙外都曾发掘过城壕。而东西城墙外的城壕遗址仍埋在地下，南北城壕的考古资料记载如下。

南城壕与南城墙走向基本一致，其北岸距南城墙基脚约 10 米，壕沟面宽 6.8 米，深度距今地表 2.1 米。北岸有两级土坡，南岸为一陡坡，形成了内缓外陡的情况。

图三二　北城壕东段地表杂草丛生

北城壕与北城墙走向也基本一致，其南岸距北城墙约 10 米，壕沟宽 12.8 米，距地表深 4.6 米，口大底小，呈锅底状。南岸高且陡，北岸呈缓坡状。

三、宫殿区保存现状

原有考古资料显示，宫殿区位于城址内东北角，人工夯筑的台基北距城墙内坡基脚约 10 米，台基南部边缘尚未探明，台基东部边缘紧接东墙内坡。台基南北长约 100 米，东西宽约 60 米，厚约 1 米。在台基上共发现有三座大型宫殿建筑基址。1 号、2 号两座大型宫殿建筑基址，前后平行排列于一条南北中轴线上。1 号宫殿基址，北距北城墙基脚 36.6 米，东距东城墙内坡基脚 36.5 米，方位坐北朝南，方向 20°。2 号宫殿基址，位于 1 号宫殿基址南面，间距约 13 米，东距东城墙内坡基脚 47 米，方位坐北朝南，方向 20°。3 号建筑基址，位于 1 号宫殿基址北面，相距约 7.5 米，未全面揭露，具体情况不详。

20 世纪 70 年代，盘龙城考古工作队在发掘宫殿区后用厚约 1 米的土层回填覆盖进行原址保护，并在地表标识柱洞、木骨泥墙等遗迹。现在回填土层上做出的标识迹象已模糊不清（图三三），加之表面杂草丛生，与周围环境融为一体，无法辨别宫殿区的边界形制（图三四）。

图三三　宫殿区回填后的柱洞标识

图三四　杂草荒芜的宫殿区

四、李家嘴墓地保存现状

李家嘴位于盘龙城遗址东侧的一个独立岛状台地上，南临府河，北与杨家嘴、西与城址和王家嘴毗邻相望。李家嘴岗地呈现西北—东南走向，西南坡较陡，东北坡略缓，东西长 460 米、南北宽 150 米。原有考古发掘资料表明李家嘴是盘龙城繁盛阶段有意识规划的一处高等级贵族墓地。墓葬出土了大量青铜器、玉器、印纹硬陶及原始瓷等精美文物，代表了当时青铜文化发展的高超水平。

20 世纪七八十年代，当地村民为抵御来自府河的洪水威胁，先修筑了府河防洪堤坝，从府河堤坝上延伸出来又加筑了李家嘴围堤，这两道人工堤防的修筑对李

图三五　水土流失严重的李家嘴墓地

家嘴岗地的原始面貌造成了明显破坏。府河大堤横贯李家嘴南侧，使得大堤以南的区域沦为府河季节性河床，丰水期被河水淹没，枯水期显露地表。李家嘴围堤的修筑不但使得李家嘴岗地与盘龙城城址连为一体，也使得李家嘴西南侧的自然缓坡遭到取土破坏（图三五）。当前李家嘴东北侧地形自坡顶向岗地边缘缓缓降低，而岗地西南侧面积狭窄，仅存坡顶区域。

第三节　考古勘探

2014 年 3 月至 2016 年 5 月，为配合盘龙城国家考古遗址公园建设，武汉市文物考古研究所、武汉大学历史学院等单位对盘龙城遗址核心保护区内的城址、李家嘴墓地及配套工程等区域进行了考古勘探。此次勘探工作采取调查、钻探结合城墙现存豁口和断面清理等方法进行，用涂有红、蓝、白的木桩对城墙内外边界、城门、壕沟、宫殿基址、墓葬等进行定位标识，为盘龙城遗址本体保护展示工程提供科学详实的考古数据。

结合各段城墙地形地貌，以北为正方向布置城墙钻探探孔，根据遗迹延伸趋势进行追加钻探。为了利用现有豁口和断面，先后在南城墙中段缺口处布置 24 个 5 米 ×5 米探方，南城墙西段豁口布置 12 个 5 米 ×5 米探方，李家嘴墓地布置 6 个 10 米 ×10 米探方。各区域探方独立顺序编号，以清理至商代文化堆积暴露为止。勘探过程中，首先在南城墙中段豁口处发现城门、道路以及城墙的内外边界、城墙分段版筑等遗存；清理南城墙西段豁口时发现商代前期石砌排水管道等遗存；在钻探北、东、西城墙时均在墙体中段豁口处发现城门遗迹；在城墙内东南、东北及西北角内侧均发现残存较薄的夯土台基遗存；钻探城墙外侧时发现环城壕沟；对原南、北城壕的钻探使我们对其分布范围有了新的认知；李家嘴墓地区域新发现商代前期房址 1 座、墓葬 1 座，近代墓葬 4 座。

本次勘探丰富了盘龙城遗址的文化内涵，对商代城址研究意义重大，同时为遗址核心保护区主要遗存的复原和保护展示等提供了可靠的资料依据。按工作时间先后将此次勘探工作的考古收获分别介绍如下。

南城墙走势为东南向西北延伸，方向约 110°。现存南城墙的南北边界宽度约 27 米，以城外最低处的地面为参照，南城墙残高由南向北为 3～6 米，确定南城门位于南城墙中段豁口处，大致方向为 20°，与城墙走向基本垂直，城门宽度由南向北为 5～6 米，即越往城内，城门越宽。在南城门外发现有道路遗迹，路面走向与城门一致，路外铺有一堆碎石。解剖城墙断面发现有版筑痕迹及分段夯筑的迹象。

解剖南城墙西段豁口，发现仅存城墙南部区域 10～12 米，北部区域城墙夯土被破坏殆尽，在城墙之下有早期文化层，墙体底部未见基槽。同时在城墙底部发现一条南北向的商代石砌排水管道遗迹（图三六）。排水管道已遭严重破坏，残长约 3.3 米，宽约 0.6 米。排水管道内空高约 0.3 米，宽约 0.2 米。顶部由两块大石块覆盖，嵌以零星小石块，两侧用碎石块垒成沟边。石块未经加工，石缝间用土黏合，构筑方式比较原始。其位于宫城地势最低处，应为当时城内最主要的排水通道。

东城墙现存地貌北高南低，经过勘探得知墙基底宽 27～30 米，长约 282 米，外坡约 40°，内坡约 30°，以城外最低处的地面为参照，东城墙残高 2～6 米，方向约 20°。东城墙中部的城门宽约 6～8 米，方向基本与城墙走向垂直。在出城门靠右区域的城墙向外凸出 1～2 米，凸出部位延伸至东南角，推测其可能为盘龙城城墙的门卫设施。在东城墙南距东南角 30～35 米处，有一处宽约 10 米的缺口。缺口与城墙外东侧地表一条宽约 1.2 米的石头路相接，应为同一遗迹现象。石头之下叠压有青砖残片及瓷片，推断该缺口为城墙废弃后人们进出城址的道路遗迹（图三七）。

西城墙现存地貌北高南低，经过勘探得知墙基底宽 27～30 米，长约 303 米，外坡约 40°，内坡约 30°，以城外最低处的地面为参照，西城墙残高 2～6 米，方向约北偏东 20°。西城墙中部的城门宽约 6～8 米，方向基本与城墙走向垂直。在出城门靠右区域的城墙向外凸出 1～2 米，凸出部位延伸至西北角，推测其可能为盘龙城城墙的门卫设施（图三八）。

北城墙现存地貌西高东低，经过勘探得知墙基底宽 27～30 米，长约 290 米，外坡约 40°，内坡约 30°，以城外最低处的地面为参照，北城墙残高 2～3 米（图三九），方向西偏北约 20°。北城墙中部的城门宽约 6～8 米，方向基本与城墙走向垂直。在出城门靠右区域的城墙向外凸出 1～2 米，凸出部位延伸至东北角，推测其可能为盘龙城城墙的门卫设施。

图三六　南城墙西段底部石砌排水管道

图三七　东城墙南段缺口及石头路堆积

图三八　西城门考古勘探现场

图三九　北城墙考古勘探现场

钻探发现北城壕开口较大，西部较窄，东部较宽，口部宽约 14～15 米。两侧沟壁向下斜收，形成缓坡，中间区域最深，深度可达 4～5 米。城壕距北城墙约 15 米，二者基本呈平行分布，已勘探壕沟长度达 265 米（图四〇）。北城壕向东延伸的迹象比较清晰，一直延伸至现在的盘龙湖内，由于受湖水影响，无法继续勘探追踪。向西勘探北城壕发现其没有向正西或西南方向延伸，而是转向西北的岗地山坡，与北部山体一条冲沟相接，这说明其不是盘龙城的护城壕沟。

经过进一步考古勘探发现了环城壕沟，环壕内侧均距城墙约 3 米，沟口宽约 5 米，深 2.7～3 米。东段环壕中部因湖水无法钻探，环壕在城门处迹象不明。本次钻探发现的环壕南段从面宽、深度、沟内堆积及位置都与 1976 年和 1979 年发掘的南城壕大体相同，初步认为两者应是同一遗迹。该壕沟环绕于城墙一周，与城墙一同构成了城址的基本防御体系。

清理宫殿区地表植被后，对夯土台基平面的柱洞、柱础石、回廊、房屋面阔、进深等平面建筑结构进行考古钻探并定点标识（图四一）。

1 号宫殿建筑基址平面呈长方形，是建筑在夯土台基上的一座四周有回廊、中为并列四室的大型宫殿建筑。用红土铺筑的台面东西长 39.8、南北宽 12.3 米。整个建筑以回廊外沿大檐柱中心为计算起点，总面阔 38.2 米，进深 11 米。台基高出当时地面 0.2 米。四室位于台基中部，东西向排列于一条直线上。四室以木骨泥墙相隔，通面阔 33.9 米，进深 6～6.4 米。由于宋元时期以来耕作、建坟、造房等原因，原宫殿建筑居住面多被破坏，部分红土台面也被破坏，尤其台基西部毁坏严重。现台基残面呈东高西低之势，高差为 0.2～0.3 米。每室四壁的墙基槽宽为 0.7～0.8

图四〇　北城壕考古勘探现场

图四一　宫殿区 1 号建筑基址考古勘探标识现场

米，墙内均立有许多直径约 0.2 米的小木柱，残存的墙基槽内可见成排的小型柱穴。四室的南面中部各开有一前门，门宽自西向东分别为 1.2 米、1.25 米、1.25 米、1.2 米。中间二室北墙的东北隅各开有一后门，门宽均为 0.9 米。共有 43 个柱洞，以 D6 号柱洞及柱础石为测量基准点，保存尚好，其平面形状近方形，东与 D5 柱中间距 2.25 米，长 1.1 米，宽 1 米，础穴内柱洞直径 0.28 米。在对 D30 的考古钻探中，发现有石块，应为柱础石。

四室之外有一周回廊，以檐柱中心与四室墙中心为计算起点，回廊东、西、北三面均宽 2.5 米，南面宽 2.4 米。回廊四周分布着大檐柱穴 43 个，檐柱距夯土台基边缘 0.6 米。回廊的外侧边缘清理发现擎檐柱穴 11 个，其中北面 7 个、南面 4 个，擎檐柱穴位于紧靠台基边缘的台下部位，距大檐柱穴外约 0.7～0.8 米处，柱穴直径为 0.1～0.18 米，残深 0.06～0.1 米。散水位于台基四周边缘向外延伸 0.4～1 米的斜坡地面之上。

在 1 号、2 号宫殿建筑中间发现存在很大一片灰白色含黑点的坚硬土层，分析应为两座宫殿之间活动场地的地坪。

2 号宫殿建筑基址的居住面及有关遗迹，均遭受不同程度的破坏，以东南部和东部尤为严重。其东部及东南部被宋至明清时期的祠堂庙宇所占压破坏，中部偏北处被宋代墓葬破坏。南部的柱础穴保留较浅，西部及西北部柱础穴保存相对较好。

2 号宫殿建筑基址的台基长 28.8、宽 12.9 米。台基系用红土铺筑台面，是一座四周边沿残存有近 30 个大檐柱柱穴、中部呈敞间式的殿堂建筑，面阔 27.25 米，进深 10.8 米。其建筑结构有大檐柱础穴、础石、柱洞、擎檐柱穴、门道、散水和排水管道等。大檐柱础穴共有 28 个，南北檐柱础穴各 12 个，东西两侧各 2 个，布局基本对称。础穴保存较好的深度在 0.65 米，钻探 D6 位置发现大石块，应为柱础石，并以此为测绘的基点。南北的大檐柱础穴距台基边缘 1 米左右，东西两面的大檐柱础穴距台基边缘约 1.5 米。在建筑的南面开有两个门，东西两侧各开有一侧门。门口距台基边缘 1.5 米。两个南门一个在南面偏东的 D3 与 D4 之间，门宽 2.6 米；另一个在南面偏西的 D9 与 D10 之间，门宽 2.6 米。东西两门在东面和西面的南段，东门宽 5.25 米，西门宽 5.45 米。

建筑台基边缘有以斜夯筑成的护坡。经钻探得以证实在向外伸约 2.5 米的护坡面上，铺有为加固护坡和利于排水而叠砌的层层陶片，作为檐外的散水设施。在西门外发现了一段陶制排水管道，管道走向与西面台基边线平行，作为地下排水设施，钻探得知排水管道北端距大檐柱 D13 约 1.8 米，南端距大檐柱 D12 约 1.75 米。陶水管共有 11 节，总长 5.4 米，除南端的一、二节陶水管被一大块石块压损外，其余保存完好。

通过本次考古勘探发现宫殿基址的实际状况与 20 世纪 70 年代的发现基本一致，宫殿的位置、形状、大小、方向等与原考古报告基本相符。经过仔细的钻探测量后，将所发现的宫殿基址相关结构用木桩、石灰标示出来，为下一步的保护与利用提供工作依据。

在李家嘴岗地西北部的南坡布设考古探方，揭取表土探寻 1974 年曾发掘的 4 座商代墓葬（图四二）。李家嘴 1、2 号墓的位置、开口形状与考古发掘报告中的描述相符，1 号墓长 3.5、宽 2 米，2 号墓长 3.7、宽 3.2 米。李家嘴 3、4 号墓不在探方范围内，根据考古报告并结合此次发现的 2 号墓位置，将这两座墓的相对位置确定下来，3 号墓长 3.2、宽 2.2 米，4 号墓长 3、宽 1.9 米。4 座墓的墓向均为 20°。在 1、2 号墓中间新发现李家嘴 6 号墓，为一座长约 3.7、宽约 2.3 米的长方形竖穴土坑墓，墓向 20°。这 5 座墓均用木桩和绳子把位置范围标识清楚，便于后续的保护展示建设。

以往的考古发掘工作表明李家嘴 3 号墓东南方向曾发现有 1 号商代灰坑，但此次考古勘探发现其已被现代的取土以及养鸭等生产活动破坏殆尽。该区域位于岗地顶部附近，地势相对较高，南侧又临近湖边，取土筑堤等破坏性活动再加上常年的湖水冲刷导致李家嘴岗地南坡的文化遗存严重受损。

依据盘龙城遗址核心保护区本体保护和环境整治工程中的道路建设规划，主干道的设计宽度为 6 米左右，道路沿线为绿化带。其中，道路沿线区域面积约为 13 万平方米，停车场面积约为 2 万平方米，施工便道区域 0.13 万平方米。根据勘探范围及其地理特征，考古勘探设定的区域在一般地段为距离道路中心线两侧 20 米的区域范围，而在道路沿线的岗地、缓坡等可能存在文化堆积或遗迹的区域则将勘探范围延伸至距离道路中心线两侧 50～100 米的区域（图四三）。勘探面积共计 15.13 万平方米，其中普通勘探面积 10 万平方米，重点勘探面积 5.13 万平方米。

图四二　李家嘴墓地考古清理现场

图四三　道路建设沿线考古勘探现场

在拟建道路区域共发现三处地点有文化堆积分布，未发现墓葬或其他类型的遗迹。在拟建停车场及西广场施工便道区域未发现文化堆积分布。

遗址公园停车场位于盘龙城遗址西部边缘之外，曾被村庄、学校占压，早年被破坏扰乱严重，该处未发现古文化层堆积，施工不会涉及文物保护问题。杨家湾西侧岗地、楼子湾岗地以及杨家湾南侧岗地三处文化层，堆积较厚处超过 1 米，以上三处文化堆积都位于杨家湾岗地的一部分，是盘龙城聚落较晚阶段的文化中心区域。对杨家湾西侧古文化堆积及以东的楼子湾、杨家湾南侧区域的施工，应坚持“只填不挖”的原则，尽可能不开展动土或土方量较大的堆填施工项目。

第四节 总体评估

盘龙城的城墙遗存，受到自然、人为多种破坏因素影响，府河河堤附近的遗址破坏较为严重，遗址本体的完整性遭到一定程度破坏。盘龙城城址在地表尚保留有标志性的城墙，范围、形制、结构等情况清楚，无论是有地面遗存的城墙本体，还是无地面遗存的地下墙基，均有无可争辩的真实性，对部分城墙墙基的工程保护措施不构成对其真实性的影响。城壕、宫殿遗址、墓葬在考古发掘后采取了回填保护的措施，地下文物保护状况未受明显影响。

盘龙城遗址核心保护区内部分文化层距地表较浅或直接裸露于地表，在本体保护和环境整治工程实施之前一直受到生产建设活动和自然因素的威胁。防洪堤外、湖边遗迹和文化层常年受到冲刷，已直接裸露地表，洪水、暴雨冲刷和掘土等生产活动持续发生，破坏速度较快。此外，遗址还遭受着环境污染、交通震动等新的破坏因素，遗址本体的延续性受到很大威胁，面临十分严峻的考验，急需采取保护措施。

盘龙城国家考古遗址公园一期计划实施的工程项目主要内容为城墙和城壕保

护展示工程、宫殿区保护展示工程、李家嘴墓地保护展示工程以及配套的环境整治工程等。该工程突出遗址自身的价值，各级景点的设置、安排以及景观处理手法都应以保护好遗址为根本出发点，以展示遗址区的自然和历史风貌为主，弱化人工设施对环境的影响，这样有利于保护遗址的真实性、完整性以及遗址的历史和自然环境。

通过实施盘龙城遗址本体的保护展示和环境整治工程，使人们对商代的社会文化、城市布局、建筑特点有较为直观的认识，营造浓厚历史氛围的文化环境，将为盘龙城国家考古遗址公园建成开放提供坚实基础，促进当地社会、文化和经济的发展。

第三章

工程设计

图四四 《盘龙城遗址保护展示工程设计方案》

2003 年，在国家文物局指导和要求下，武汉市文化局组织专家编制了《盘龙城遗址保护项目预可行研究报告》，对盘龙城遗址保护项目内容进行了初步归纳设计。2005 年，财政部和国家文物局联合印发《大遗址保护专项经费管理办法》，武汉市文化局进行专项经费申报。2006、2007 年，国家文物局共计划拨 1500 万元用于补助盘龙城遗址文物本体保护与展示工程。

2008 年，湖北省文物局委托中国文化遗产研究院编制《盘龙城遗址保护展示工程设计方案》，同年上报国家文物局后进行修改完善。2009 年再次上报国家文物局获得“原则同意”（文物保函〔2009〕589 号），同时建议宫殿基址周围搭建木栈道形成回廊、城壕遗址通道处以卵石标识、城内道路减少路面硬化等保护展示形式。设计单位根据国家文物局意见组织专家论证后进行深化设计，经修改完善后，2010 年 11 月，湖北省文物局对该设计方案进行核准通过（图四四）。方案对盘龙城宫城城墙、宫殿区、李家嘴墓地的复原展示和公园大门入口进行了设计。之后，武汉市文化局委托湖北省工程咨询公司组织编写了《盘龙城遗址博物馆暨文物保护工程可行性研究报告》和《盘龙城遗址考古遗址公园遗址本体保护工程和博物馆建设建议书》，对项目实施的可行性和必要性进行全面分析和科学论证，并对项目建设提出了合理化的建议。

2013 年 5 月，河南省文物建筑保护设计研究中心受工程代建单位——武汉地产开发投资集团有限公司的邀请，在方案设计的基础上进行了工程方面的深化设计，编制《盘龙城遗址本体保护展示工程深化设计》。主要内容是对盘龙城的城墙、城壕、宫殿区、李家嘴墓地进行了更为详细的现场勘察，对现场存在的病害种类、范围等做出具体的测绘和统计，初步划定了城墙的内外边界、城壕的分布和位置以及宫殿区的范围等；按照原设计文件的规划，对各类病害的保护措施进行了较为细致的深化设计，从材料要求和施工做法都进行了明确。此外，由于城墙损毁严重，现场城墙边坡形式不一，原设计方案对此没有具体规定。至于后期施工如何把握城墙复原尺度、是否统一墙体坡面等问题，这些都需要湖北省文物局组织文物考古专家论证后确认。

2014 年，河南省文物建筑保护设计研究中心所编制的《盘龙城遗址核心保护区一期环境整治方案》得到国家文物局“原则同意”（文物保函〔2014〕1504 号），同时也提出了修改和完善意见，强调应坚持最小干预原则，注意控制工程规模、范围和强度，避免过度整治，保持景观风貌现状，避免城市园林化设计倾向。同年，设计单位编制的《盘龙城国家考古遗址公园核心保护区环境导示设计方案》也得到国家文物局“原则同意”（文物保函〔2014〕1515 号），同时要求进一步明确展示标识系统的设计思路、原则和目标，调整展示标识系统设计内容，标识牌外观应具有文化特色，尽量弱化现代风格，注意与遗址本体和周边景观风貌相协调。2015 年，受工程代建单位委托，北京建工建筑设计研究院对环境整治设计方案进行深化和完善，编制《盘龙城遗址核心保护区一期环境整治方案》（图四五），主要内容涉及场地清理、地形整理、现有建筑改造、场地绿化调整、水环境及驳岸整治、电力及相关配套工程等。

2015 年，北京建工建筑设计研究院深化标识系统，编制《盘龙城遗址核心保护区一期展示标识系统方案》，设计标识系统由周边导入系统、游览导向系统和导出系统等三个子系统构成，包括具有导向要素的位置标志、导向标志、平面示意图、街区导向图、信息板、便携印刷品、安全标志和劝阻标志等。

图四五 《盘龙城遗址核心保护区一期环境整治方案》

随着建设工程和考古工作的推进，设计单位——北京建工建筑设计研究院于2017年在遵循原环境整治设计方案的基础上，编制《盘龙城遗址核心保护区一期环境整治调整方案（互动区、步道）》，调整部分节点布局，增加游客互动参与的内容，完善参观游线步道建设。

2021年，盘龙城遗址博物院委托北京垣冶建筑规划设计有限公司对遗址公园内标识系统进行升级设计，编制《盘龙城国家考古遗址公园导视设计》，通过补充设施、调整内容、维修更换等手段，在遗址公园内建立一套更加充分满足游客参观需求、深度体现遗址内涵价值并与遗址风貌相协调的标识系统。

第一节 本体保护展示工程设计

2013年5月，河南省文物建筑保护设计研究中心经过现场勘察和资料收集，在研究中国文化遗产研究院和上海筑英建筑设计有限公司编制的《盘龙城遗址保护展示工程设计方案》设计原则、指导思想、保护措施基础上，按照国家文物局《关于盘龙城遗址保护展示工程设计方案的批复》（文物保函〔2009〕589号）文件批复意见（图四六），对盘龙城遗址的本体保护展示工程进行了深化设计。

该工程性质为遗址类保护性展示项目，在工程设计时应提出减缓措施和调整建议，以保护遗址免于破坏，确保遗址价值及其历史文化信息得以永续传承。本次深化设计方案依据《中华人民共和国文物保护法》《中国文物古迹保护准则》《盘龙城遗址保护总体规划（2007—2025年）》《考古遗产保护与管理宪章》《文物保护工程管理办法》《关于保护景观和遗址的风貌与特性的建议》等法律法规文件及考古文博单位提供的各项考古技术资料进行系统设计。坚持“保护为主、抢救第一、合理利用、加强管理”的指导原则，整体保护，综合治理，改善遗址的保护管理环境。坚持客观全面原则，以考古资料和研究成果为依据，实事求是、科学合理

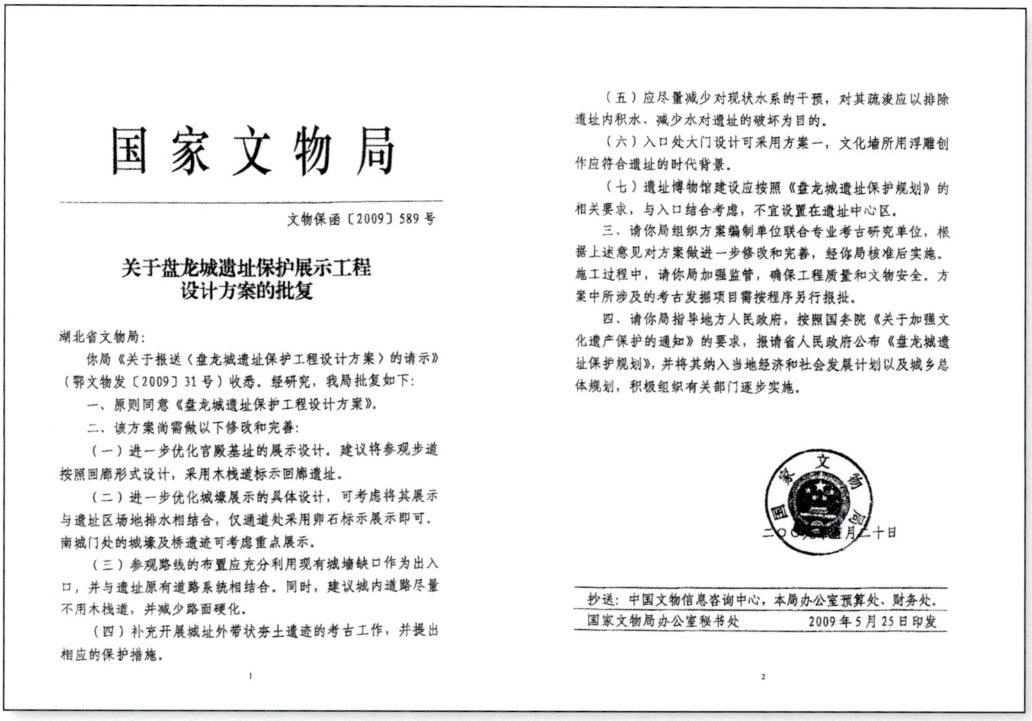

国家文物局

文物保函〔2009〕589号

关于盘龙城遗址保护展示工程
设计方案的批复

湖北省文物局：

你局《关于报送〈盘龙城遗址保护工程设计方案〉的请示》（鄂文物发〔2009〕31号）收悉。经研究，我局批复如下：

一、原则同意《盘龙城遗址保护工程设计方案》。

二、该方案尚需做以下修改和完善：

（一）进一步优化宫殿基址的展示设计。建议将参观步道按照回廊形式设计，采用木栈道标示回廊遗址。

（二）进一步优化城壕展示的具体设计，可考虑将其展示与遗址区场地排水相结合，仅通道处采用卵石标示展示即可。南城门处的城壕及桥遗迹可考虑重点展示。

（三）参观路线的布置应充分利用现有城墙缺口作为出入口，并与遗址原有道路系统相结合。同时，建议城内道路尽量不用木栈道，并减少路面硬化。

（四）补充开展城址外带状夯土遗迹的考古工作，并提出相应的保护措施。

1

（五）应尽量减少对现状水系的干预，对其疏浚应以排除遗址内积水、减少水对遗址的破坏为目的。

（六）入口处大门设计可采用方案一，文化墙所用浮雕创作应符合遗址的时代背景。

（七）遗址博物馆建设应按照《盘龙城遗址保护规划》的相关要求，与入口结合考虑，不宜设置在遗址中心区。

三、请你局组织方案编制单位联合专业考古研究单位，根据上述意见对方案做进一步修改和完善，经你局核准后实施。施工过程中，请你局加强监管，确保工程质量和文物安全。方案中所涉及的考古发掘项目需按程序另行报批。

四、请你局指导地方人民政府，按照国务院《关于加强文化遗产保护的通知》的要求，报请省人民政府公布《盘龙城遗址保护规划》，并将其纳入当地经济和社会发展计划以及城乡总体规划，积极组织有关部门逐步实施。

国家文物局

二〇〇[illegible]月二十日

抄送：中国文物信息咨询中心，本局办公室预算处、财务处。

国家文物局办公室秘书处　　2009年5月25日印发

2

图四六　国家文物局《关于盘龙城遗址保护展示工程设计方案的批复》

规划设计，全面客观地阐释和展示遗址核心价值。严格遵守不改变文物原貌的原则，在文物保护基础上坚持最小损害、最少干预的原则进行保护展示建设项目，充分考虑遗址保护、展示和日常管理需要，注重与遗址、环境风貌相协调，最大限度地保持盘龙城遗址及其周边环境的真实和完整。坚持可持续发展原则，盘龙城遗址本体保护展示工程既要有利于文物保护，又要有利于城市经济发展、文化建设和生态环境改善，在保护遗址的基础上发挥文化教育和休闲娱乐作用，让遗址公园可持续发展。

在工程设计依据和原则的指导下，按照盘龙城遗址保护和展示的实际需要，对保护对象进行更详细的勘察，在标明遗址的现状、主要病害种类、范围等数据的基础上，按照原有的设计意图和措施，对遗址各类病害进行保护治理和保护效果展示。根据遗址现场情况，明确遗址的保护范围、具体的施工做法和工程量等，并在设计图中加以细化明确，使保护方案具有一定的可操作性，基本做到工程做法清晰，工程体量明确，便于开展施工。通过保护工程的实施，达到消除或遏制遗址病害的发展，改善遗址的生存环境，营造出浓厚历史氛围的文化环境。

盘龙城遗址本体保护展示工程的范围和规模较大，主要包括 **4** 个部分，分别是

36000 平方米的城墙本体保护展示、2600 平方米的城壕展示、6000 平方米的宫殿区保护展示、2000 平方米的李家嘴墓地保护展示。

一、城墙

《盘龙城遗址保护总体规划（2007—2025 年）》第 47 条本体保护条目提出城墙的保护措施，建议清理城墙边界以外 10 米内的乔灌木作为植草区，城墙表面做 0.5 米厚的覆土保护，并种植狗牙根防止雨水冲刷。《盘龙城遗址保护展示工程设计方案》规定城墙以现状保护为主，对城墙顶部、城墙边界以外 10 米的范围内清除生长的灌木、乔木和杂草，城墙表面覆土保护，并在覆土加固后的城墙表面种植狗牙根保护。

《盘龙城遗址本体保护展示工程深化设计》在以往工作的基础上，提出保护残存的城墙，铲除城墙上部及周围的杂草树木，清理城墙表面的扰动堆积物，适当整理出城墙的边界，沿城墙一周，在其内外侧铺设 1 米宽的夯土散水，与周围环境隔离开，散水以外做环城墙的绿化带。清理方式主要以人工方式清除，并配合喷洒生态环保的化学除草剂，以抑制其再生。

四面城墙的保存状况和周围环境存在差异，首先通过考古勘探标识出城墙的边界范围，再清理城墙地表及附近的植被。建议清理北城墙基部及其外侧 10 米宽的区域、东城墙基部及其外侧 2 米宽的区域、南城墙内外坡面及顶部、西城墙内外坡面及顶部。对于地表的杂草、灌木，采取人工机械方式直接清除，并进行去根处理，同时喷洒 5% 草甘膦除草剂，防止其复生。对于胸径较大的乔木，清除树干后，对其残留的根系采取钻眼后直接灌入草甘膦除草剂和石灰水的方法，促其腐烂后再灌入灰土填实。

城墙顶部加固措施采取三七灰土结合素土覆盖方式，表面种植狗牙根固土。三七灰土中的石灰要求钙镁含量不小于 80%，过筛素土要求为黏粒含量不小于 15%、塑性指数大于 12 的粉质黏土，消化后的石灰与素土充分拌合后使用。由于覆土夯实保护措施，对回填土、灰土的含水量（应在其最优含水率的 ±3% 以内）的要求较高，考虑到当地的降雨分布情况，建议施工时对回填土料场和施工区域采用防雨保护棚、场地区域设置临时排水等措施，将雨水对材料和施工带来的不利影响降至最低。

根据城墙残损程度不同，顶部加固的面积也有所不同。对于损毁严重的北城墙、东城墙，基本按照其现有基部边界宽度覆土处理（图四七）；对保留有一定高度的南城墙、西城墙，按实测的顶部宽度处理。

清理城墙顶部表土至坚硬土层，清理厚度根据实际情况一般控制在 0.1～0.3 米之间，不能破坏城墙本体。施工前需洒水处理，分层铺设并夯实三七灰土。灰土层总厚 0.3 米，分三层铺设，每层虚土厚 0.15～0.2 米，夯实后厚度 0.08～0.1 米，压实系数不小于 0.9。分层铺设并夯实素土层，素土层总厚 0.7 米，分三层铺设，每层虚土厚 0.15～0.2 米，夯实后厚度 0.08～0.1 米，压实系数不小于 0.9。覆土完成后再在城墙顶部表面种植狗牙根进行固土。

城墙外侧边坡由于植被的影响表层土体风化较为严重，主要表现在土体酥碱、强度下降、边坡冲沟分布多、局部缺失严重等情况。为了保护城墙边坡，采用改性土包土工艺，对原有边坡用改性灰土回填夯筑加固保护。改性土为添加 3% 生石灰加 3% 水硬石灰，具体含量根据现场材料优化试验后确认。过筛素土要求为黏粒含量不小于 15%、塑性指数大于 12 的粉质黏土。

清理城墙边坡的植被、表土至坚硬土层，清理厚度根据实际情况一般控制在 0.1～0.3 米，同样不能破坏城墙本体。可以考虑将边坡清理成阶梯状，以增加新补夯土与原有土体的接触面积，或根据需要（比如边坡高度超过 2 米封）分层预埋木

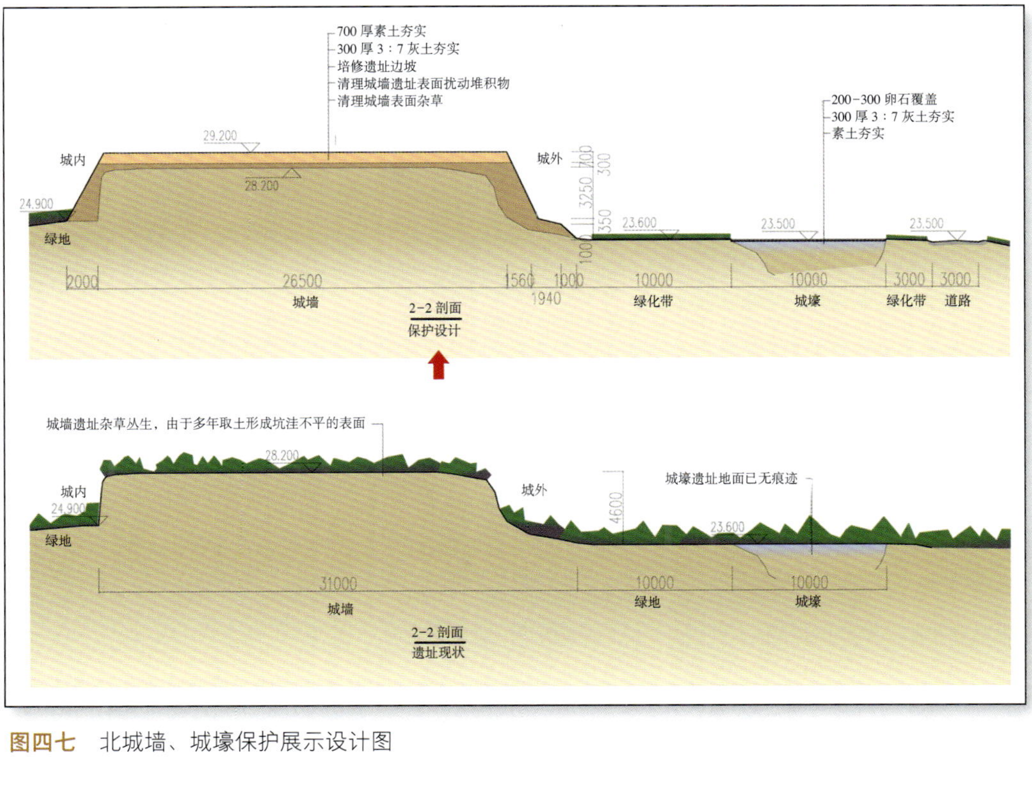

图四七　北城墙、城壕保护展示设计图

质短锚杆等措施以增加新补夯土与原有城墙土体的结合力。在坡面上依次铺设模板，使模板与城墙边坡形成有效的空腔和支护。模板可以采用厚 0.05～0.1、高 0.5、长 1.5 米的木板。先对清理出来的土体表面进行喷水湿润，以增加新旧土体之间的结合力，再回填配制好的改性土夯筑。每次回填新夯土铺设高度 0.15～0.2 米，人工或小型机械夯筑密实，夯实后高度 0.08～0.1 米。夯实后的土体压实系数不小于 0.9，新补夯的边坡夯土宽度 1～1.5 米。对外侧靠近模板的夯土进行削坡处理，采取夯三留二的方法。在撤除模板后，把新夯外侧三分之一的夯土铲除，保留内侧三分之二。削坡处理后新回填夯筑部分的坡度与原城墙坡度保持基本一致。城墙边坡与顶部相交部位采用缓坡处理。削坡完成后的新补夯表面应予以覆盖养护。

二、城壕

《盘龙城遗址保护总体规划（2007—2025 年）》建议对城壕遗迹在考古勘探的基础上选择植被或砾石进行现场标示展示。《盘龙城遗址保护展示工程设计方案》建议对水面以下的城壕保持现状，对水面以上的城壕进行覆土保护，地面标识。《盘龙城遗址本体保护展示工程深化设计》考虑到周边水塘将城墙的东、南、西三面城壕淹没在水下的情况，只针对北城壕进行保护展示设计。

按照覆土保护、卵石盖面的保护展示设计思路，根据考古勘探工作确定城壕位置及走向，并整治城壕及其附近地表植被，打通近现代形成的田埂、塘埂。沿城壕边线培土，清理城壕表土约 0.3 米，城壕底部夯实后回填 0.1 米厚的三七灰土，然后回填 0.2 米厚的素土进行夯实，再在素土表层用 D30—D80 级配卵石铺成南高北低的缓坡状，卵石间可播撒固土草籽，并用体量相对较大的卵石勾勒出城壕边界，形成城壕直观展示的整体效果（图四八）。再配以标识说明与相应解说，观众可知城壕遗迹的大致情况。

三、宫殿区

《盘龙城遗址保护总体规划（2007—2025 年）》建议对宫殿区台地边界外扩 10 米范围内的地表植被进行清理并植草绿化，对台地边坡覆土植草。对宫殿遗迹地表模拟和标示展示，依据考古发掘材料模拟 1、2 号宫殿基址，基底土质高 0.45 米，建筑墙、柱高出基底 0.3 米，模拟柱洞、柱础石等遗迹，已毁柱洞位置设

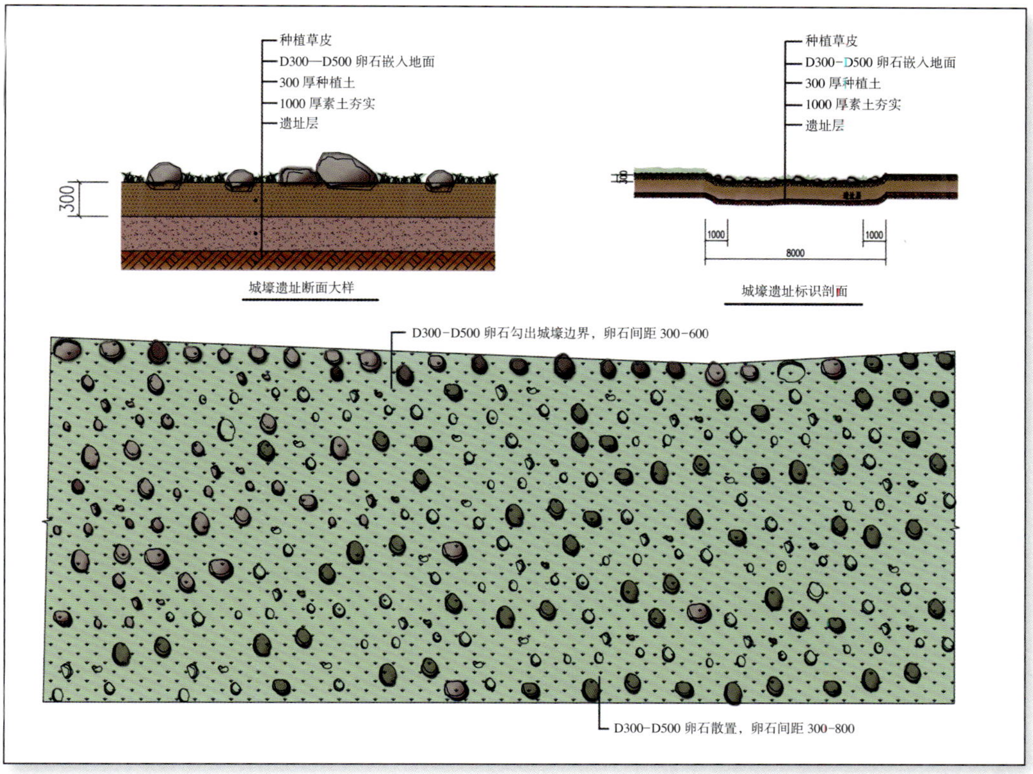

图四八　北城壕展示设计大样图

有机玻璃板，上印柱洞断面示意。《盘龙城遗址保护展示工程设计方案》建议宫殿区进行覆土保护、模拟复原。先清理出宫殿区台地的范围，对台基区域进行覆土保护，再在覆土层上对宫殿基址进行对位复原，最后在模拟展示的宫殿基址周围铺设 2 米宽的木栈道。

《盘龙城遗址本体保护展示工程深化设计》对宫殿区的保护展示按照原设计方案中“覆土保护、模拟复原”的措施进行深化设计。根据以往考古发掘资料和现场考古勘探结果对城址内东北宫殿区台地、宫殿基址及其台基进行边界定位标识。清除保护展示区域内的杂草树木等杂物和表土。对整个台地表面用过筛素土覆盖保护，分层夯实处理，土质要求与原有宫殿夯土土质类似。整个台地（除 1、2 号宫殿基址台基周边）表面用泥结石铺地。台地边缘铺砌露草砖以防止水土流失。1、2 号宫殿基址在回填抬高的基础上继续覆土回填抬高 0.2 米。在抬高的宫殿区台基上按照原有结构复原建筑基址，并在柱洞位置安放桐油防腐处理的圆木柱、木桩，宫殿区台基散水采用陶片叠压做法处理。在模拟展示的宫殿区周围铺设 2 米宽的木栈道，并与通向宫城的仿木桥相接（图四九）。

图四九 宫殿区保护展示方案效果图

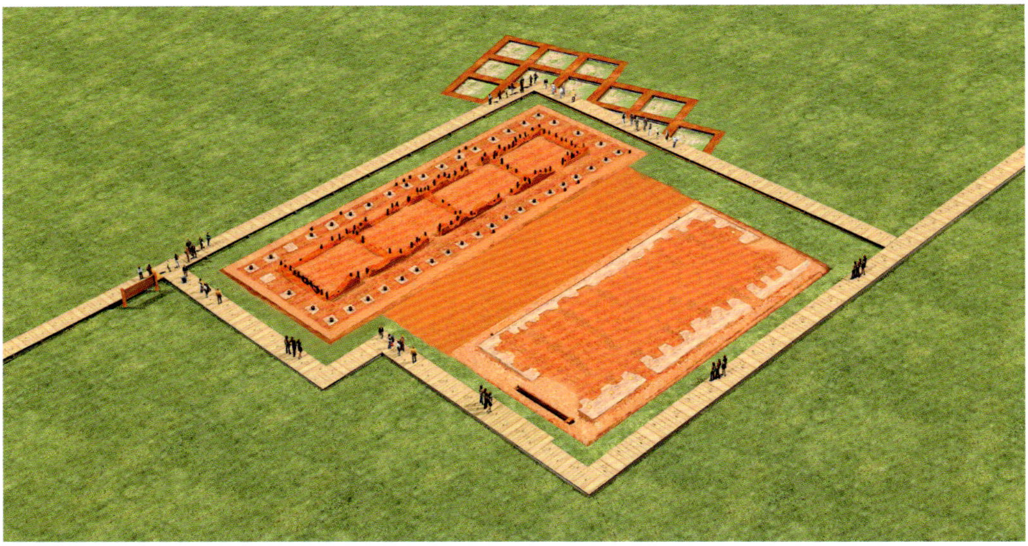

图五〇 宫殿区保护展示深化设计效果图

宫殿区复原展示施工按照原设计及传统工艺要求完成素土模拟展示后，经历潮湿多雨及烈日暴晒出现大面积墙体开裂脱落现象。专家论证后认为素土夯实的宫殿台基、泥结石路面及素土夯筑的墙体等展示方式不适于当地的环境，且展示内容有限不能反映宫殿区发掘时的历史信息。经过重新设计宫殿区复原方案（图五〇），调整宫殿区素土台基为改性土台基、用现代材料模拟宫殿区宫墙展示、调整宫殿区参观步道、调整原有的泥结石地面、增加宫殿区台地的边坡加固及排水，增加展示要素，如 1 号宫殿内的木骨泥墙工艺、部分考古发掘探方的模拟展示等。

四、李家嘴墓地

《盘龙城遗址保护总体规划（2007—2025 年）》建议对李家嘴墓地进行地表模拟。《盘龙城遗址保护展示工程设计方案》建议清理出墓地中各个墓葬的规模和形制，种植铺地柏作为标识，在墓葬周围铺设水泥仿古青砖界定墓葬规模，在墓地周围采用泥结石硬化地面，并通过铺设碎石路面与遗址区的道路网相接。《盘龙城遗址本体保护展示工程深化设计》遵循覆土保护、植物标识的设计理念，根据以往考古发掘资料和现场考古勘探结果先确定李家嘴墓地的位置和边界，清理墓地地表的植被和表土层，再铺设一定厚度的过筛素土。在每座墓葬范围内种植铺地柏作为标识，墓葬略低于泥结石地面 5 厘米形成自然的坑壁。在墓地周围按墓葬分布情况，采用泥结石的做法硬化半径为 30 米的半圆范围以利游人环行参观，设置相关说明牌进行解说（图五一）。

有专家指出，李家嘴墓地特别是李家嘴 2 号墓是早商时期的代表性墓葬，仅采用植物标识墓葬的做法不能直观清晰的展示出墓葬的丰富考古信息和重大历史价值。鉴于此，我们建议设计单位对李家嘴墓地的展示方案进行设计变更。2015 年上半年，北京建工建筑设计研究院编制《盘龙城遗址核心保护区一期环境整治方案》，提出李家嘴墓地的设计变更方案，拟分别在李家嘴 2 号墓和 3 号墓的位置设置临时保护棚，以盘龙城原始建筑——茅草屋为原型，设置四坡顶、开敞式的临时保护设施。为了突显原生态感，取树木自然生长的形态作为保护棚主体结构的竖向支撑。专家组对李家嘴墓地设计变更方案进行论证，认为该方案虽能较好的展示盘龙城典型墓葬的考古信息，但是设计方案不够成熟完善。湖北省文物局也对此提出要求，遵循李家嘴墓地保护展示的原设计方案和施工图纸，仅对施工区域进行勘探和简单标识，不进行动土发掘和展示。

经过前后多次深化的《盘龙城遗址本体保护展示工程设计方案》设计指导思想明确，设计标准选用合理，基础资料较详实，内容比较完整，符合国家相关规定和技术规范，方案可行，具有可操作性。2013 年下半年工程开工建设后，因文保工程的特殊性，武汉市盘龙城遗址博物馆筹建处牵头承担施工过程中的技术指导工作，组织专家论证并经过国家相关部门批复后对设计方案中部分本体保护展示工程内容进行了调整。根据实际情况对四面城墙分段评估，对缺损较大的部位进行保护加固，保存较完好的部位采取经济合理的方式进行保护，东南、西南城角外线采用抹圆角形式。建议北门两侧按照现有桩点各外扩 5 米，便于今后的考古发掘与展示，其它三面城门两侧按照现有桩点各外扩 2 米，四面城墙的城门处各有一向右外凸起的弧形部分应为城墙的防御设施，在工程施工中应得到保护展示。对于考古勘探新发现的外城墙下的西、北壕沟则用碎石子路标示。疑似外城墙遗迹的性质尚未得到进一步明确证实，暂不对其进行保护展示。

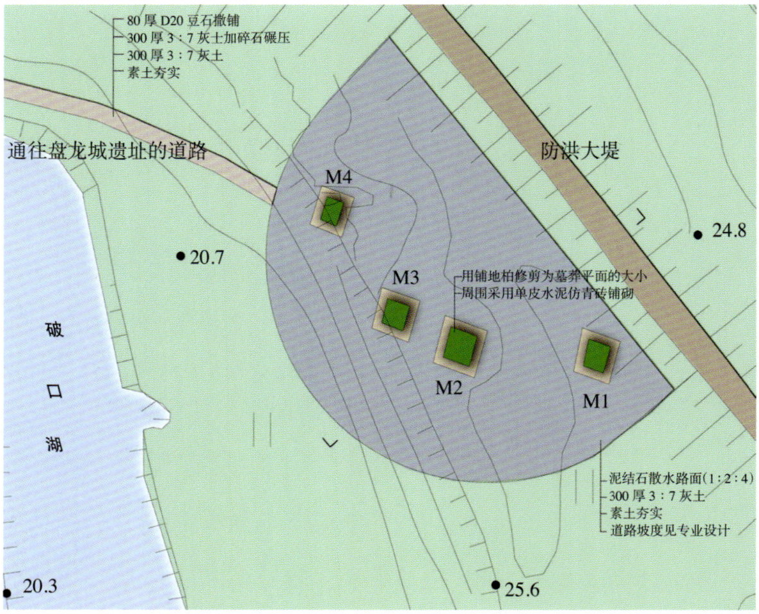

图五一　李家嘴墓地保护展示设计图

第二节　环境整治工程设计

2015 年，北京建工建筑设计研究院在河南省文物建筑保护设计研究中心所编制的《盘龙城遗址核心保护区一期环境整治方案》基础上，按照国家文物局《关于盘龙城遗址核心保护区一期环境整治方案的批复》（文物保函〔2014〕1504 号）等文件的批复意见（图五二），对盘龙城遗址的环境整治工程进行深化设计，编制了《盘龙城遗址核心保护区一期环境整治方案》《盘龙城遗址核心保护区一期展示标识系统方案》和《盘龙城遗址核心保护区一期环境整治调整方案（互动区、步道）》。后来实施的标识系统升级则以北京垣冶建筑规划设计有限公司编制的《盘龙城国家考古遗址公园导视设计》为指导。

在环境整治工程设计原则方面，以考古成果为依据进行环境整治工程设计和施工，同时为后续考古发掘研究留有空间；坚持生态环境与历史环境保护相协调的原则，在对历史环境特点研究的基础上尽可能保护历史环境要素风貌，避免城市园林化倾向；增加了坚持最小干预原则，控制工程规模、范围和强度，避免过度整治。在这些设计原则指导下，遗址核心保护区保留大面积林地，控制植被和绿化规模，明确植被需调整的区域为道路两侧 5～15 米，保留了大面积次生林不被扰动。提出水位控制要求，部分驳岸保持现状不动，部分驳岸采用地方传统的木桩加苇席方式进行护岸，以保证驳岸的生态特征，以荷花塘作为地方水生植被景观之一，不对规划区内的水塘进行大面积回填，仅填占压在城址上的水塘，以减少积水对遗址本体的侵害。园区内道路用生态型路基路面，不采用混凝土等材料，以自然排水为主，

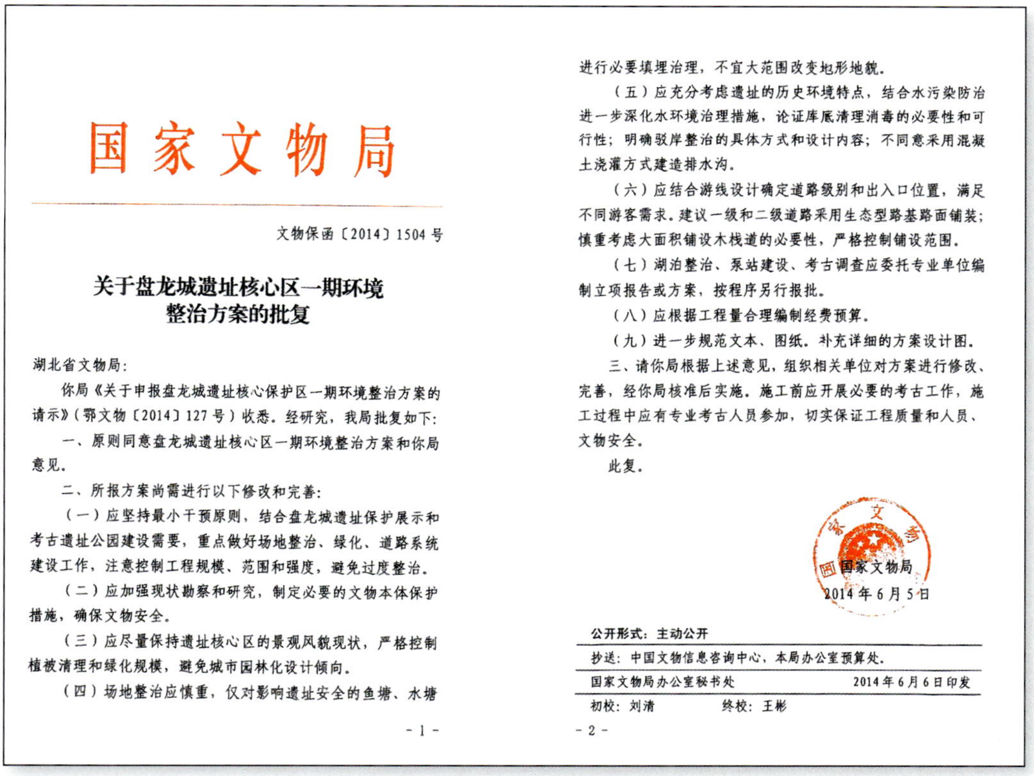

国家文物局

文物保函〔2014〕1504 号

关于盘龙城遗址核心区一期环境整治方案的批复

湖北省文物局：

你局《关于申报盘龙城遗址核心保护区一期环境整治方案的请示》（鄂文物〔2014〕127 号）收悉。经研究，我局批复如下：

一、原则同意盘龙城遗址核心区一期环境整治方案和你局意见。

二、所报方案尚需进行以下修改和完善：

（一）应坚持最小干预原则，结合盘龙城遗址保护展示和考古遗址公园建设需要，重点做好场地整治、绿化、道路系统建设工作，注意控制工程规模、范围和强度，避免过度整治。

（二）应加强现状勘察和研究，制定必要的文物本体保护措施，确保文物安全。

（三）应尽量保持遗址核心区的景观风貌现状，严格控制植被清理和绿化规模，避免城市园林化设计倾向。

（四）场地整治应慎重，仅对影响遗址安全的鱼塘、水塘

- 1 -

进行必要填埋治理，不宜大范围改变地形地貌。

（五）应充分考虑遗址的历史环境特点，结合水污染防治进一步深化水环境治理措施，论证库底清理消毒的必要性和可行性；明确驳岸整治的具体方式和设计内容；不同意采用混凝土浇灌方式建造排水沟。

（六）应结合游线设计确定道路级别和出入口位置，满足不同游客需求。建议一级和二级道路采用生态型路基路面铺装；慎重考虑大面积铺设木栈道的必要性，严格控制铺设范围。

（七）湖泊整治、泵站建设、考古调查应委托专业单位编制立项报告或方案，按程序另行报批。

（八）应根据工程量合理编制经费预算。

（九）进一步规范文本、图纸。补充详细的方案设计图。

三、请你局根据上述意见，组织相关单位对方案进行修改、完善，经你局核准后实施。施工前应开展必要的考古工作，施工过程中应有专业考古人员参加，切实保证工程质量和人员、文物安全。

此复。

国家文物局

2014 年 6 月 5 日

公开形式：主动公开

抄送：中国文物信息咨询中心，本局办公室预算处。

国家文物局办公室秘书处　　2014 年 6 月 6 日印发

初校：刘清　　终校：王彬

- 2 -

图五二　国家文物局《关于盘龙城遗址核心区一期环境整治方案的批复》

图五三　盘龙城遗址一期环境整治工程设计图

局部排水沟采用卵石垒砌。减少了木栈道铺设量，仅在沿水的局部区段设置木栈道和木质亲水平台。对遗址核心保护区游线北侧游览步道、南侧游览步行道、城址游览步道的路由、走向进行了调整，形成遗址核心保护区各节点完整的参观游线，并合理安排增加了游客休憩设施。将原有的考古勘探场景展示区调整为互动体验区，由制陶作坊区和模拟考古区两部分组成，场地建筑全部为简易开敞的乡土风格形式，并调整相关基础配套设施。

环境整治范围在盘龙城遗址核心保护区内，东至盘龙湖西岸，南至府河大堤，北至江家湾，西至盘龙大道，面积约 825693 平方米，包含水域面积 261086 平方米、陆地面积 564607 平方米。整治内容主要是场地清理、地形整理、园林绿化、水环境整治、电力照明、道路交通、导览标识、互动体验区、西广场以及服务设施等相关配套工程等（图五三）。

一、场地整理

对盘龙城遗址核心保护区 564607 平方米的陆地区域进行场地清理，主要清理当地居民拆迁后遗留下来的建筑垃圾、生活垃圾，共计约 2500 平方米，并适度清理对景观风貌产生影响的各类杂草、树木。场地清理以人工为主，辅以小型机具，大型机械不能进入未硬化的遗址区，以手推独轮车或三轮车进行转运。清理范围仅限于地表，不能动土挖取或填埋，收集起来的垃圾集中存放于指定场所，进行无公害处理。除了清理场地内的杂草外，对数量较多的小型灌木和根系较深的构树等树木也进行适当清理，保留具有丰富特色的苦楝、合欢、枫杨等乡土树种，保证本体保护展示点之间的通视关系，适当保留原城墙内的梯田、芦苇、荷花等乡土景观。

对盘龙城遗址核心保护区 564607 平方米的陆地进行竖向设计分析，为道路和排水规划布局提供依据。根据遗址的现状情况，以尽量保持原地形地貌特色为原则，设计区域内主干道路标高在 25.2 米以上，方便雨水通过道路两侧的排水沟渠收集汇拢，统一排入自然水体。为合理排除雨季的地表水，设计采用分区、多点、多向式向水域找坡的方式，避免出现窝水现象。地面排水坡度大于等于 0.2%，为减少土方回填量，道路规划纵坡大于等于 0.2%，预估填土方约 4849 立方米。根据文物保护的相关规定，遗址区内严禁挖土，需到遗址外寻找跟遗址土质接近的土源。

二、园林绿化

盘龙城遗址核心保护区内目前只存在小块人工次生林和局部的天然湖沼草甸植被群落（图五四）。当地村民搬迁以后，原有的农田耕地处于荒芜状态。针对遗址保护展示的需要，划分 4 类主要的植被分布区域：绿化调整区，主要清除道路两侧 5～15 米及遗迹展示点附近范围的杂芜植被，尽量保留原有乔木，形成亚乔木、灌木、花卉、草地的复合种植结构，面积约 5.6 公顷；地被标识景观区，以不同的本地生草本植物对城墙、墓地等遗址点进行标识展示，形成诠释表达遗址内涵的地被景观；荷塘景观区，保留遗址区自然形成的几处荷塘，提高其可通达性，并改善其中荷花种类的配置以增加观赏性、延长观赏期；原生植被区，保留约 17.8 公顷的大面积次生林，尽量减少对原生态自然景观的干预和扰动。

在绿化植物的种植上，以盘龙城当地的乡土树种为主，便于后期的养护管理，采取群植和自然式栽植方式，逐渐减少人工干预管理，建成自然或接近自然的生态绿地，发挥植物的生态效益，充分体现出遗址公园的生态性、野趣性。

出于对文物保护的考虑，在遗址核心保护区需要覆土绿化，土层的扰动必须控制在表土层 0.2 米以内。栽植前整地、土壤改良和树穴准备工作均由人工完成，大型机械一律不得进入。所有乔木栽植均采用培土起垄栽植，以达到对遗址核心保护区内文物保护的目的。

三、水环境整治

盘龙城遗址区域地表水资源丰富，有湖泊和池塘，地表水主要依靠降雨，丰水季和枯水季的水位落差可达 2 米，特别是每年汛期周边湖水上涨，将一部分遗址淹没在水下，对遗址保护构成严重威胁（图五五）。规划将通过在遗址核心保护区西南角和东侧的府河堤坝下面设置两个水闸滞洪补枯、调节水位，控制遗址周边水位常年保持在海拔 19 米以下。

城址上存在多处人工开挖的池塘，常年的池水浸泡会对遗址本体造成伤害。规划将对水塘的水进行抽排，并将水塘填平，上面种植绿色低矮植被。遗址上的其他水塘多是季节性储水，故基本保持原状，尽量不进行人工处理，加强周边的植被绿化，提高植被覆盖率，保护水生植物和景观，以荷花塘作为园内植被景观之一，定期维护以保证水体质量，禁止在水体中投放饲料进行渔业生产。

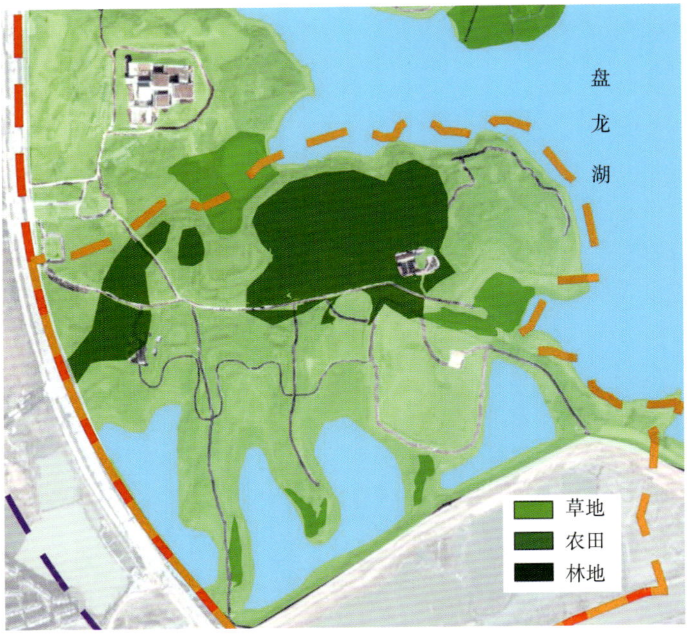

图五四　盘龙城遗址核心保护区植被现状分析图

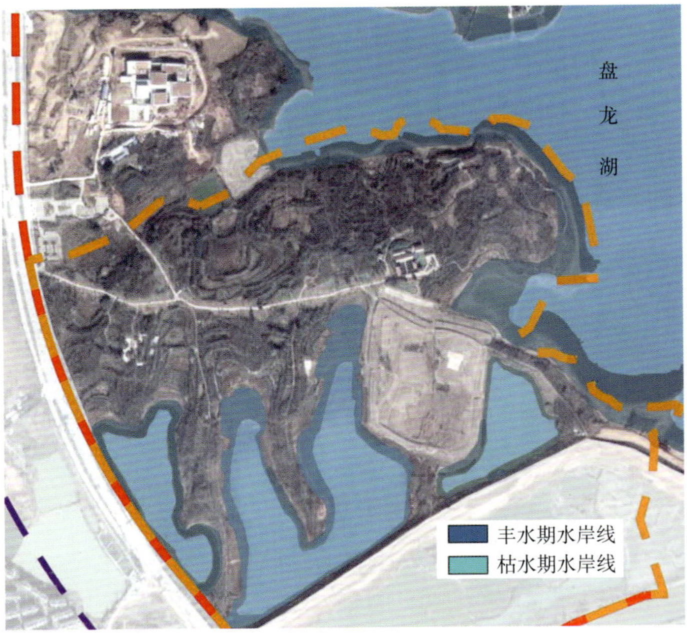

图五五　盘龙城遗址核心保护区水系现状分析图

四、水电照明

遗址公园内生活用水和消防用水来源为盘龙城经济开发区内自来水厂，经市政给水管网向遗址公园供水（图五六）。景观用水应

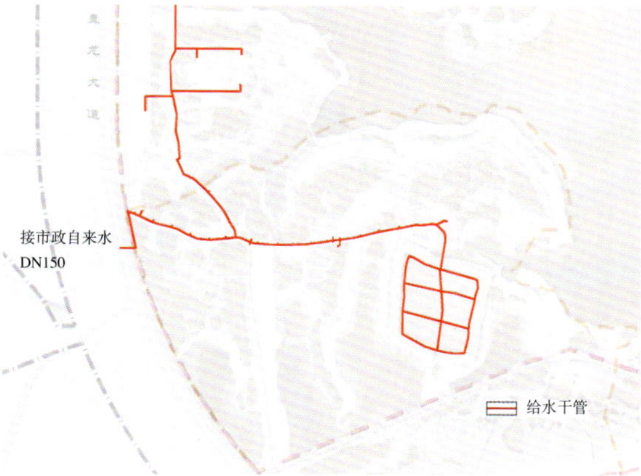

图五六　盘龙城遗址核心保护区给水系统规划图

图五七　盘龙城遗址核心保护区电力系统规划图

尽量采用就近水体，给水管网采用地埋式，排水系统采用雨污分流制的排水方式，处理后的污水排入市政污水管网，雨水经收集后排入市政雨水管网。

当前，遗址核心保护区的电力系统线路架设方式均为混凝土杆架空线路，暴露于地面之上，影响遗址区域内的设施建设，并且供电线路老化，急需加以改造。本项目用电负荷较少，主要为道路两侧照明和泵房用电，计划拆除电线 2085.1 米，新建线路 2085.1 米，新建电杆 10 座，新增变压器 1 台。项目用电负荷按面积密度法测算出该工程用电总装机容量为 1042.86 千瓦。联用电系数 0.7，功率补偿因数 0.9，经计算用电总功率为 657 千伏安。考虑后期的建设以及一定的安全系数，项目拟电力增容 1600 千伏安。

遗址核心保护区道路两侧照明及安防检测系统用电负荷参考消防设施，消防设施的用电负荷等级为一级负荷，管理办公室、主要通道应急及疏散照明和其它属二、三级负荷。供电电源由附近开闭所不同母线段引来一路 10 千瓦独立电源（图五七）。配电房拟配置一台 80 千伏安的变压器，变压器选用环氧树脂浇注干式变压器。10 千瓦主供电源采用“高供低计”方式，变配电所均采用交流操作。

安装管线等基础设施一律不得直接挖土，需先覆土再在浅地表敷设，遗址区边缘的原有部分高压线路和已搬迁村落内的电力线路全部取消。

五、道路交通

遗址公园内部交通系统由出入口、道路、电瓶车站点及硬质场地构成主次分明、科学合理、便捷完善的交通体系。

设置四个出入口，即一个主出入口和三个次出入口。主出入口位于大邓湾西侧，依托盘龙大道，是主要集散中心。次出入口一在李家嘴东南侧，沿府河大堤设置，主要衔接遗址公园东部区域，并供附近休闲游览的游客使用；次出入口二和三均为管理出入口，分别设在主出入口广场南侧和艾家嘴南侧，为后勤、管理及应急出入口，平时不对外开放。

区域内道路分为两类（图五八）。首先是 4 米宽的主干道，铺设长度 1.3 千米，路面采用黏结碎石材料，局部设置港湾式交汇场，主要为电瓶游览车及应急车辆使用，串联主出入口、消防应急出入口、互动体验区、城址、考古工作站等节点。其次为 1.5～2 米宽的人行道，由南侧步道、北侧步道、城址步道三部分组成，铺设长度 5.8 千米，

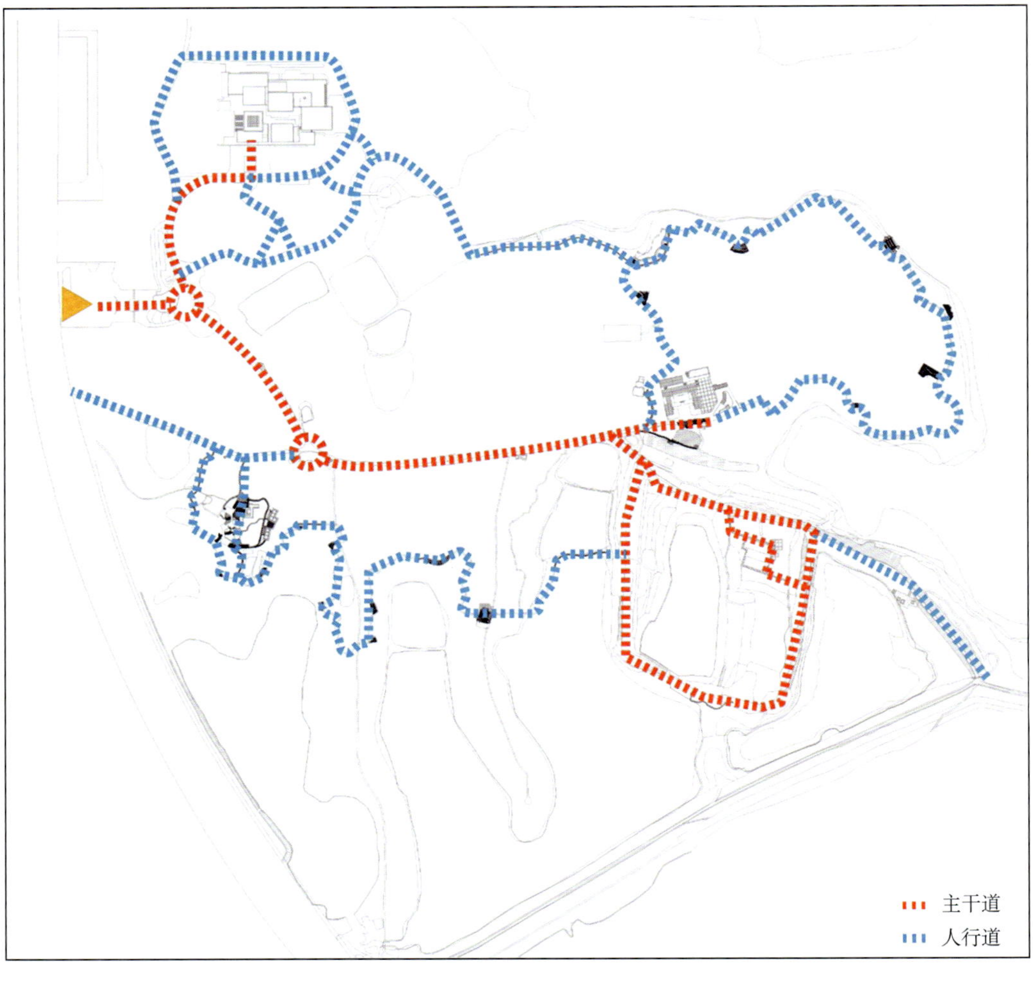

图五八　盘龙城遗址核心保护区游览线路规划图

有碎石路、块石碎拼路、水泥仿木栈道、木栈道、汀步等多种形式。互动体验区与主干道连接路、北侧步道与主干道的连接路段在原有土路的基础上铺设碎石路并选用耐腐蚀性能较好的杂木作为木桩限定边界。南北两侧环形步道根据地形地势铺设块石碎拼路和水泥仿木栈道。考古工作站到北城壕之间、城墙西北角和南城门、宫殿区均采用木栈道连接，颜色与城址的土质颜色接近，对场地的干扰较小。在西城门至小嘴之间的池塘土埂上采用过水汀步连接，形成路面与水面的自然过渡。

拟建路网以现有道路系统为基础，遗址区道路形式对遗址本体及其环境影响较小。根据游览区域特点和地形地貌特征，以最小干预和可逆、生态为原则，因地制宜、减少扰动、只填不挖，道路采用不同路面材质与不同路面做法，考虑到维持地下文物原生态的水文地质条件，园区内道路修建要维持原有地形地貌，并且具有透水性，主干道可采用透水混凝土新材料，人行道尽量采用自然质朴、生态可逆的做法。

园区内设置电瓶车站点 3 处，分别位于主出入口、博物馆和考古工作站，对园区内道路施行封闭控制，到访游客需乘坐遗址公园内部的电瓶车辆进行游览，尽量避免外部车辆对遗址环境造成负担。

为体现生态可持续设计理念，尽量减少硬质休憩地面积，休憩地以功能需求为前提。在主出入口区设置一个开放式的集散广场，成为沟通北侧遗址博物馆和南侧遗址公园的景观通道。

六、导览标识

盘龙城遗址核心保护区标识系统主要包括公园总体介绍标识、流线指引标识、地图标识（图五九）、景点解说标识、警示提示标识、游客设施标识、遗址标识、功能门牌、室内导视、景观小品等多种标识。其中，流线指引标识和景点解说标识是本系统最重要的两个组成部分，数量最多、分布最广。

标识系统分布范围从遗址公园人行、车行出入口至遗址核心保护区，包含开放区域的建筑物在内的各公共空间及各级道路系统。对各类标识的尺寸、材质、工艺、数量、布点等方面都有严格详实的设计，遵循整体设计符合《公共信息导向系统　设置原则与要求　第 1 部分：总则》（GB/T　15566.1—2020）和《公共信息导向系统　设置原则与要求　第 9 部分：旅游景区》（GB/T　15566.9—2012）中的原则和要求，消防安全类标志的设置符合《消防安全标志设置要求》（GB　15630—1995）的要求，应急疏散标志的设置符合《应急导向系统　设置原则与要求　第 1 部分：建筑物内》（GB/T　23809.1—2020）和《应急导向系

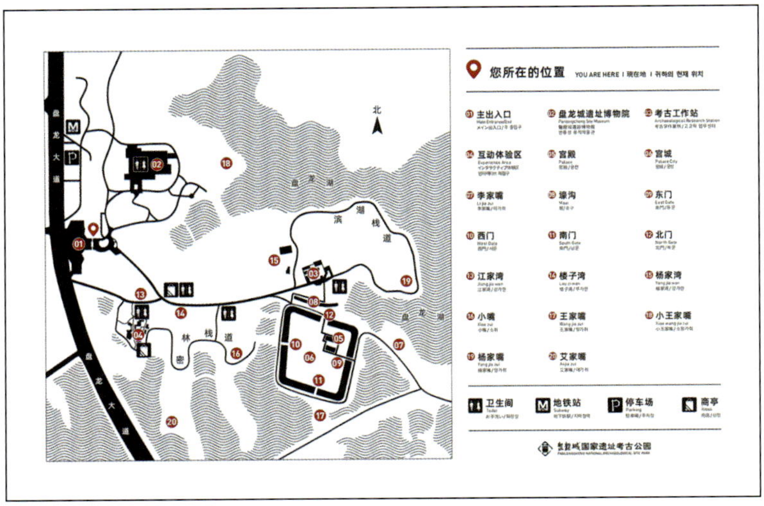

图五九　盘龙城国家考古遗址公园地图标识

统　设置原则与要求　第 2 部分：建筑物外》（GB/T　23809.2—2020）的要求，达到艺术性、统一性、耐候性、实用性、安全性等方面的统一提升，对来访游客进行有效的信息传递和方向引导，与遗址风貌充分协调，对文化传播产生正面、积极的作用，同时便于日常管理和维护。

七、互动体验区

2015 年上半年，最初的设计方案是在水塔南侧临近主干道的区域设置考古勘探场景展示区，选取中国考古勘探的代表性工具——洛阳铲，以 2.5 米、5 米、10 米的不同间距设置 108 根洛阳铲树状阵列，模拟考古勘探场景。洛阳铲的高度在 3～10 米，表面涂刷黑色颜料，在高约 1.5 处以红色颜料作为点缀，并喷涂考古记录标签，增加游客的互动性体验。

2016 年 9 月，武汉市文化局、盘龙城遗址博物院邀请考古文博专家在盘龙城会议室召开关于盘龙城遗址环境整治方案调整的专家论证会。会上确立了公共考古体验项目，该项目要体现整个考古工作流程，如勘探、布方、发掘、取样、文物修复等。项目的选址要避开地下文物、兼顾参观路线，项目的建筑要分散布局、相对集中，建筑形式要符合历史背景及自然环境。

2017 年上半年，经过多轮专家论证，为了加强遗址公园内的参与性与趣味性，应增加考古研学内容和亲子活动，将原有的考古勘探场景展示区调整为互动体验区，

图六〇　互动体验区全景效果鸟瞰图

由制陶作坊区和模拟考古区两部分组成，建筑面积约 1000 平方米，室外场景及景观整治面积约 4000 平方米（图六〇）。根据考古勘探结果，规划位置从水塔南侧调整到向南平移 50 米的场地区域。

制陶作坊区由多个独立开敞的建筑以透空连廊相联系。模拟考古区由授课区、模拟考古探方等功能区组成，模拟考古探方采用钢结构大棚，形式与现在的考古工地大棚较为接近，形体简洁，具有现代感。为尽可能降低对场地的破坏与影响，互动体验区建筑以小体量、分散布局的模式掩映于树林之中。建筑造型采用木构形式，屋顶铺设茅草，使建筑形象古朴生态。建筑周边利用原有场地高差营造室外环境，保留原有乔木，使建筑与环境有机融合。

八、西广场

西广场位于遗址公园的主出入口区域，《盘龙城遗址保护总体规划（2007—2025 年）》和《盘龙城遗址保护展示工程设计方案》都曾规划过西出入口的广场和管理建筑设计（图六一），主体建筑为钢筋混凝土框架的仿古建筑，两侧设有检票口和消防通道。在公园西入口的景观设计中，广场的平面形状采用遗址出土代表

图六一　西广场入口设计方案效果图

性青铜器的形状，突出盘龙城的历史文化元素。广场及附近配套的停车场应尽量使用生态铺装，减小对遗址环境的影响。

九、服务设施

按照旅游景区标准，园区内需建设卫生间、售卖点、休息点、垃圾桶等相关公园配套服务设施，满足游客观光、餐饮、休憩等基本需求。

在西一门、互动体验区、考古工作站、三岔路口、小嘴北部设置 5 处临时卫生间，卫生间选点位置既要自然隐蔽又要方便寻找，附近规划设立相应的指示牌。卫生间外装饰及屋顶材料选用木材，采用比较粗犷的木纹，色彩沉稳，尽可能体现自然古朴的风格。在三岔路口安排一处临时售卖点，主要为游客提供预包装食品、饮料小吃，与此处的临时卫生间一起组成一个休憩节点。

参观道路沿途选择合适位置因地制宜地布置休息点，放置若干桌椅、坐凳供游客小憩。桌椅、坐凳的造型与色彩应与环境相协调，可直接采用粗犷拙朴的石材组合为一套桌凳，也可以抽象、提炼盘龙城历史文化元素，结合现代设计手法和工艺技术，形成独特的外观造型（图六二）。结合参观道路和休息点布置垃圾桶，每隔

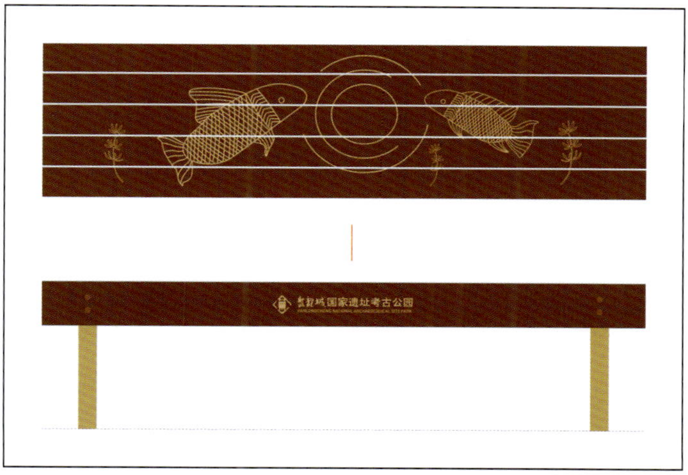

图六二　长条坐凳设计图

50 米左右摆放一个，摆放位置应方便游客使用、易于清洁，外观样式融入盘龙城遗址相关的文化元素，成为丰富和点缀环境的景观小品。由于盘龙城遗址的保护范围和建设控制地带内不得设置垃圾填埋场和垃圾转运站，遗址核心保护区内所有垃圾统一运出处理。

十、水塔、水井

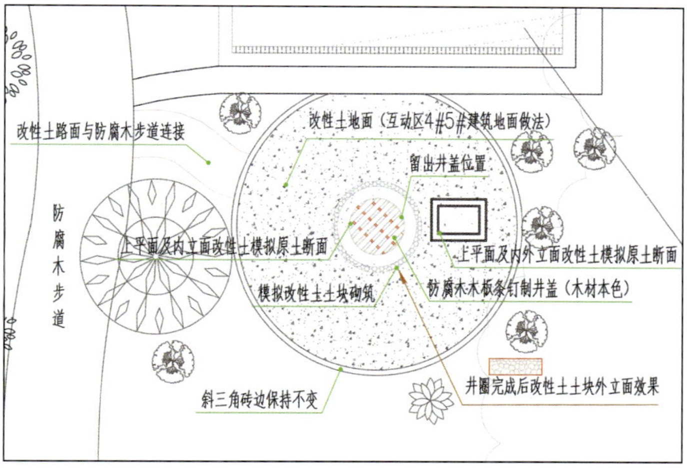

图六三　工作站前水井保护展示设计图

遗址核心保护区内的村民搬迁后，遗留了多处废弃的水利设施，如水渠、泵站、水塔、水井等。设计单位对这些水利设施分两种情况进行处理，一是对在岗地密林深处的水渠和泵房暂时保留现状；二是对在主干道旁边的水井、水塔进行适当的保护展示。设计单位计划将水塔改建成供游客登高远眺的瞭望台，在水塔外围设置边长 5 米的钢结构支撑网，并利用钢板外加悬挑式楼梯，及在高出塔顶 1.54 米处设置观景平台，可实现对水塔的维护加固与二次利用。根据北京大学李伯谦教授提示，设计单位计划对 1976 年盘龙城考古发掘队开凿的水井进行保护展示。这是当初为解决血吸虫病盛行时期考古发掘队与杨家湾村民的饮用水难题，而专门挖掘的一口渗水井。水井位于考古工作站南侧的一处斜坡下，上方是一个有一定坡度的长方形沙土坑。平时抽取湖水到沙土坑中，过滤后的水渗入到井中，人们取井水放入澄滤池沉淀后再来饮用。这口水井不但体现了当年考古工作的艰辛，更是见证了考古队员与当地群众的亲密关系，成为盘龙城考古学史上的一段佳话。根据考古队员草绘的水井设施布局图，复原出水井旁的沙土坑，硬化水井周围的区域，并在水井口覆盖金属网防止意外坠落（图六三）。

第四章

工程施工

第一节 本体保护展示工程施工

按照武汉市政府《关于加强盘龙城遗址保护与开发建设工作的会议纪要》（2012 年第 62 次专题会议纪要）精神，盘龙城遗址核心保护区本体保护展示工程业主单位是武汉市文化局（后组建为武汉市文化和旅游局），代建单位是武汉地产开发投资集团有限公司。2013 年 8 月，工程招标确定北京怀建集团有限公司为施工中标单位，赤峰长城古建筑监理咨询有限公司为监理中标单位。施工、监理资质均为双资质，即遗址本体保护展示施工单位具备“文保一级及建筑工程一级”，监理公司也同时具备“文保一级及监理甲级”。8 月 30 日，举行盘龙城考古遗址保护工程奠基仪式。10 月，经湖北省文物局批准办理工程开工备案。

一、施工准备

2013 年 10 月，在工程正式开工前，现场管理人员对施工单位的施工资质和现场人员的名单进行了审查，要求施工单位编制详细的施工组织设计并对其进行审查。施工单位根据工程特点编制施工组织设计，以及有针对性的安全技术措施，对工人进行安全生产教育及分部分项工程的安全技术交底。在开工前施工单位对其工人进行了有关文物保护方面的教育，认真贯彻“安全第一、预防为主”的方针，执行国家制定的安全生产法律、法规和建设行政主管部门关于安全生产的规章和标准。本工程对象属国家级重点文物保护单位，现场植被密集，防火工作非常重要，施工单位要在消防安全工作受控的情况下组织施工，在扬尘、污水、噪音、废气、光等方面采取有效措施，确保环境不受污染。

根据文物保护要求和工程建设需要，确定四项主要施工原则。第一，贯彻《中华人民共和国文物保护法》制定的“保护为主，抢救第一，合理利用，加强管理”的文物保护原则，对遗址本体保护展示开展工作。第二，坚持“不改变文物原状”

的遗址保护原则，在考古工作的配合下尽量保持遗址原有的真实性，保护工程尽量满足可识别性的保护要求。第三，遵循“最小干预原则”，对遗址干预手段尽量用在最必要的部分，并将干预程度降至最低。第四，保护技术手段主要采用传统材料和原工艺，城墙的主要保护措施以“补夯支护、覆土保护、以土保土”为主，材料主要用与原夯土材质一致或接近的当地土。对必须采用的现代技术措施，其材料和工艺都必须经过前期试验和研究，对材料性质、配比、施工工艺进行现场和室内试验，证明是有效的，对文物本体无害的才可以使用。

施工单位根据本工程任务面大、工期紧张、施工内容复杂、专业性强的特点，将工程划分为五个施工区域：东城墙、李家嘴墓地为一个施工区域，北城墙、西城墙、南城墙、宫殿区各为一个施工区域，各个相对独立的施工队在一个项目部的统一协调下分别组织施工。施工现场三通条件基本保证，施工用的电源、水源由业主单位提供。施工现场设置材料加工场地，遗址核心保护区外设置工人生活区域。运输利用原有道路，现场设置出入口设门卫。现场道路必要时进行铺垫保护，达到可以施工运输的程度，工程施工产生的建筑垃圾及时清运出场。

根据设计规划，城址的覆土保护必须使用大量外购土方，并且需要与城墙夯土材质一致或接近。设计单位、业主单位、代建单位和文保专家在东城墙现场见证提取夯土样本，施工单位将土样送到指定科研单位进行检测后，确定所需要的土源为黏粒含量不小于 15%、塑性指数大于 12 的粉质黏土。通过对盘龙城遗址周边 15 千米范围内 30 余处取土点的土质、土色、土量进行调研、取样，最后将 8 处土场的土取样送到科研机构检测，经检测认定其中 3 处工地土场的土色、土质接近城墙夯土的特征。在遗址核心保护区外，靠近项目部一带平整出 5 个存土场用于存放购买的土方，设置石灰棚，配置大型筛土机，工地所有用三七灰土、改性土、素土均经过筛土机过筛搅拌后二次转运，用小型农用车转送至城址施工现场后再由工人用斗车转运至各个施工点。

2013 年 10 月，项目正式开工后，施工单位组织人员清理地表植被、垃圾杂物和积水，砍伐清理东、南、北城墙及部分西城墙、宫殿区的原生态树木和灌木。由于严禁使用大型机械，砍树及搬运清除均靠人工及小型机具进行（图六四）。黄陂区盘龙城考古遗址公园建设指挥部做了大量

图六四　城址内人工清杂

拆迁协调工作，将遗址范围内的相关养殖场、居住人员和近现代坟墓等进行了拆除或迁移。

项目进入建设期后，施工现场出现了诸多问题，例如清杂后的城址地形地貌与原设计出入较大，城墙边线定位困难，南城墙排水口施工以及参观道路定线等，设计及施工单位反复研究难以解决，经过一段时间的推敲斟酌后报请武汉市文化局，最终由武汉市文化局出面邀请国内、省、市资深的考古文博专家如李伯谦、刘绪、胡美洲、陈振裕、张昌平、方勤、刘森淼、魏航空、许志斌等成专家组，特别长聘原湖北省文化厅巡视员、文管会研究员胡美洲先生和原湖北省文物考古研究所所长、研究员陈振裕先生担任盘龙城遗址核心保护区本体保护工程的技术顾问。两位先生早年从北京大学毕业后，一直在湖北从事考古发掘和研究工作，对盘龙城遗址的情况了如指掌。他们亲自深入现场一线，全程参与了项目指导。

2014 年 2 月，施工场地清杂工作完成，代建单位邀请武汉市文化局协调项目进度，确立了“边考古边施工”的原则，并在文保专家的指导下正式开始样板段施工。4 月，代建单位组织图纸会审与设计交底会议，形成了图纸会审和设计交底内容。6 月底，样板段验收时，专家组对于原城墙边线划定及保护性施工方案产生了新的看法，调整确立了“先考古，设计按照考古先后顺序分段调整，分段施工”的原则，由此项目开始按照考古先后顺序对南城墙、东城墙、西城墙、李家嘴墓地、宫殿区、北城墙组织设计调整及分段施工，设计调整和施工以最新考古成果数据为依据实施。

二、施工项目

（一）城墙保护展示

2014 年 4 月底，施工单位按照设计图纸及文物保护施工的要求，开始对样板段——南城门以东 50 米长的城墙进行施工（图六五）。经过实践摸索确定了开展城墙本体保护展示工程的具体流程：第一，砍伐灌木及清理树木杂草等地表植被；第二，清理城墙表层浮土；第三，用打孔灌药的方式清理地下树根；第四，夯实原城墙土、清理局部边坡台阶并植锚杆；第五，分层次支设夯土模板并夯实填土；第六，用三七灰土夯实散水和城墙顶部；第七，用改性土夯实城墙内外边坡；第八，用素土再次夯实城墙顶部；第九，削切修理城墙改性土边坡；第十，城墙顶部种植本地固土浅根系植物——狗牙根。

图六五　南城墙样板段施工

图六六　专家组检查指导南城墙样板段保护展示工程

图六七　专家组指导南城墙排水口考古清理工作

2014 年 6 月 30 日样板段完工，湖北省文物局组织专家验收（图六六），肯定了样板段施工工艺及质量，认为样板段的施工符合设计方案，注重了对遗址本体的保护，通过验收。本次样板段保护工程的施工为盘龙城遗址核心保护区本体保护展示工程下一步工作的开展提供了许多可供参考的宝贵经验。

经过盘龙城考古工作队对南城墙及城墙下排水口的勘探发掘（图六七），确定了城墙边线和结构。设计单位根据考古成果重新论证出图，确定排水口的工艺做法以及南城墙整体标高及顶宽等，2014 年 12 月份完成南城墙设计图纸，调整加宽南城墙的边线，并在原设计之上加做内墙底部散水。2015 年 1 月正式开始城墙的保护施工。南城墙施工主要分三段,排水口段、南城门口段和其他段。施工单位依据考古数据及专家讨论决定对排水口段采用两道水泥管进行排水，排水口做到隐蔽自然。对于考古发现的石砌排水管的每个石块分别进行编号、包装，运至遗址博物馆展厅组装展出。回填排水口段的豁口土方时，施工单位采用新型材料土工格栅分步回填夯实。根据样板段施工经验，及时调整人员结构及施工方法，在保证施工质量的前提下完成南城墙的整体施工预期目标。

2015 年 3 月，经过设计单位和专家组确定，东、西、北三面城墙内外边坡不再使用改性土夯实，其原因是原设计只考虑城墙顶部种植草皮，边坡并不种植，但是通过样板段的实验发现武汉潮湿多雨的气候环境严重影响城墙边坡的耐久性，所以商定后期边坡全部采用素土夯实并在内外边坡种植草皮的设计方案。这样的设计变更，也致使施工速度得以提高，没有改性土的拌和，西城墙的施工基本没有难点，西城墙的原城墙基础保存的比较完整，覆土保护厚度也不厚；东城墙施工难度也不大，主要是原城墙缺失严重导致填埋土方量相对较大，在城门口处相对覆土厚度2.78 米，夯实层数较多。北城墙施工主要是在东段，东段破坏得比较严重，局部覆土厚度达到 2.8 米，覆土又高又宽。2015 年 7 月，基本完成城墙本体保护展示的施工。

根据设计单位对盘龙城遗址核心保护区本体保护展示工程的勘察和设计，城墙本体保护展示工程的主要施工内容包括地表清理、城墙顶部覆土保护、边坡加固保护、种草养护等，具体步骤如下。

1. 地表植被表土清理

采取人工机械方式清理城墙表面及底部附近的高大乔木、灌木及其根系，对杂草有选择处理，因小叶草、茅草等植物能缓解降雨对土体表面的冲刷而暂时保留。对一般小型植物要去根刨底，彻底清除其植物根系，遇到深入夯土深处的粗大根系不宜刨除，以避免形成新的破坏，尽量采取机械方法去除植物主干，在其根部断面上钻孔灌注 5% 草甘膦除草剂和石灰水促其腐烂（图六八），之后再按照孔洞灌浆方式用灰土将其填实。再清除地表已经风化酥松土层至坚硬土层，清理厚度根据遗址现场情况而定，一般清理 0.1～0.2 米的土层。

2. 城墙顶部覆土保护

根据各面城墙顶部的设计宽度铺设三七灰土，总厚 0.3 米，分两层铺设、夯实并养护处理。在三七灰土层中逐层回填夯筑素土，总厚 0.7 米，分三层铺设、夯实处理（图六九）。与灰土接触面采用喷洒水雾、拉毛表面等措施来增加每层素土间的结合力。每次回填新夯土铺设高度 0.15～0.2 米，夯实后高度在 0.08～0.1 米，夯实后三七灰土和素土的压实系数均不小于 0.9。

图六八　树根打孔灌药

3. 城墙边坡加固保护

城墙边坡表面往往分布有冲沟、土体风化酥碱等病害。在边坡采用素土夯筑、加固保护。在回填夯筑过程中因地制宜将原有边坡土层按阶梯状清

图六九　西城墙覆土后人工夯筑

图七〇　工人对城墙护坡进行削坡处理

图七一　城墙护坡铺装草皮现场

理，以增加新补夯土与原有土体的接触面积，或根据需要（比如清理面过大时）分层预埋木质短锚杆等措施以增加新补夯土与原有土体的结合。对外侧靠近模板的夯土进行削坡处理，采取夯三留二的方法（图七〇）。削坡处理后重新回填夯筑部分的坡度与城墙原坡度保持基本一致。

4. 城墙表面植草固土

南城墙样板段的边坡为改性土夯实，草皮无法直接生根，经专家组指导，南城墙样板段边坡采用挂网覆土种植草皮的做法，确保草皮的生长。城墙顶部地势较为平坦，一般采取平铺方式。城墙边坡的坡度一般大于 45°，铺设草坪时先挂设镀锌铁丝网再采取竹签或铁钉横向固定草坪，浇水使土壤膨胀后人工拍实，保持草坪内的水分便于成活（图七一）。

5. 夯筑城墙内外散水

按照原设计图纸，使用三七灰土夯筑城墙内外坡脚处的散水，达到保护固定墙脚的作用。经过一段时间发现武汉地区潮湿的气候环境导致散水表皮起酥，经专家组研讨决定对城墙散水进行提升，在散水表面填埋灰土，再铺种草皮。

（二）李家嘴墓地保护展示

2015 年 7 月，施工单位对李家嘴墓地开展清理、保护展示工作。此处原为养鸭场，散乱的建筑垃圾较多，杂草灌木丛生，施工单位组织人员砍伐施工区域内的树木，对树根打孔灌药，清除地表杂草、建筑生活垃圾。场地表面清理完毕以后，盘龙城考古工作队进场开展全面的考古钻探，采用全面揭露的方法，揭取整个工地的表土层，暴露出早期文化地层，通过刮铲平面寻找商代墓葬遗迹，最终勘探确定了5处商代墓葬的位置，包括20世纪70年代发掘的李家嘴1～4号商代贵族墓葬。

图七二　李家嘴墓地边坡加固

原设计方案中没有在李家嘴岗地边坡进行改性土的设计，但是临湖的外边坡损毁、垮塌严重而且落差较大，行人不注意容易失足落水。经专家组提议，设计单位、业主单位和监理单位多次商议，决定外坡用改性土加固（图七二）。施工步骤与城墙边坡加固基本一致，进行边坡台阶状清理、埋设木质锚杆、支模板、改性土夯实、拆模削坡等工序，在临近边坡位置用绿篱隔离，作为安全警戒线，解决了李家嘴墓地保护展示的安全隐患。

图七三　李家嘴墓地保护展示成果

原设计方案中提到“在墓地周围按墓葬分布的情况，采用泥结石的做法硬化半径为30米的半圆范围，以利游人环行”。施工单位发现墓地区域与近前的防洪堤坝落差较大，导致铺设的泥结石硬化路面坡度陡峭，不利于观众行走，或者必须设置较长的引路减缓坡度，但会影响现有墓地展示布局。经过多次研究讨论，根据实际情况取消硬化墓地的做法。施工单位用素土回填夯实约0.4米至原有地面高度后，在墓葬的边界范围以内种植根系浅、颜色醒目的红花檵木作为标识，墓地区域和通往城址的道路统一铺种草皮，整体保护展示效果简洁明了、生态环保（图七三）。

（三）宫殿区保护展示

2015年夏季，施工单位按照原设计“覆土保护、模拟复原”的要求，对宫殿区开展保护展示施工（图七四）。清理宫殿区范围内植被、浮土至坚硬土层，并根据考古资料确定并标识出宫殿区台地、1号和2号建筑基址及其台基的边界。在原址上回填夯实素土至现有地面的高度，再在素土夯土层上做0.1米厚的泥结石地面，台地边缘铺砌露草砖。在复原的夯土台基上按照原有建筑结构复原建筑基址，主要是夯筑泥垛墙，并安装防腐木柱（图七五、图七六）。宫殿区台基周围用三七灰土夯筑成坡度3%的散水。宫殿区加装一周由麻绳串接木质锚杆组成的围栏。

图七四　宫殿区保护展示施工

按原设计图纸施工完成验收后，业主单位邀请国内文物考古专家进行现场观看，对宫殿展示提出完善建议，专家认为武汉地区多雨潮湿，宫殿墙体复原展示的原材料原工艺做法，不能经受住雨水的长期冲刷（图七七），展示难以持续长久，建议宫殿墙体重新进行深化设计，选用能长久经受雨水冲刷的新型材料墙体，补充考古内容进一步丰富展示遗迹的历史文化信息。经过多次设计方案论证形成最终方案上报省、市文物主管部门，湖北省文物局同意按照最新调整方案组织实施。

2016年7月，施工单位对宫殿区进行二次施工，拆除宫殿区外围栏杆、泥垛墙，清理宫殿台地面、泥垛墙基础和排水沟，夯实整体台地面和泥垛墙基槽，两座宫殿基址之间的地面填土夯实。1号宫殿基址台地表面放网格线，布设钢筋网片和钢筋桩，搅拌基层料浇筑台地面基层，安装3D塑形的装饰混凝土墙体（图七八），檐柱、擎檐柱则用现代材料手工雕塑而成，材料颜色、外形与实景残破的夯土墙一样。2号宫殿基址则按照考古发现具体情况采取不同的展示手段，取消以往木柱的实体展示，基址、柱洞、柱础石、木柱及门道等考古信息均在地面用不同颜色的材料表示区分。2号宫殿基址西侧排水管按照考古资料数据和发掘照片模拟展示排水陶管基槽和排水管。在宫殿东北角部位模拟布置考古探方，在每块探方聚水部位埋设排水管，顺应地势排向2号宫殿基址南侧；探方隔梁采用跟宫殿地面同样的材料和工艺，用原土做模板使探方壁达到真实效果。从北城门至宫殿周围到东城墙内侧增设塑木材质的木栈道，木栈道周围设置生态沟排水并修复破损的草皮（图七九）。

图七五　1 号宫殿基址保护展示成果

图七六　2 号宫殿基址保护展示成果

图七七　复原墙体垮塌

图七八　装饰混凝土墙体定位安装

图七九　宫殿区第二次保护展示成果

（四）城壕保护展示

2015 年 8 月，施工单位在城墙保护展示工程快要结束时，开始北城壕的保护展示工作。根据考古人员标记的壕沟位置和范围，施工单位砍伐壕沟内及其附近的树木并清除杂草。当时，北城墙外有两个村民用来养鱼的水塘，水塘的淤泥和周围的田埂使施工难度增大，施工单位首先排放池塘的积水，再对池底淤泥坑进行填换。根据城壕西高东低的地势特征和城壕与城墙的相对位置关系，施工单位按照设计变

图八〇　北城壕保护展示成果

更要求仅对 150 米的长度的城壕进行标识展示。

施工人员打掉农民堆砌的土埂，清理北城壕地表上厚约 0.3 米的现代淤泥，对城壕边坡定点、放线，用 0.1 米厚三七灰土夯实城壕。夯实第一遍灰土后，正赶上大雨，经雨水浸泡，三七灰土的耐压力未达设计要求。后来又返工重夯，再用素土夯实 0.2 米的厚度至原有地面高度，在城壕两侧边缘采用大块河卵石镶边，城壕内部铺设黑白两色的小块河卵石，形成层次明显、自然相间的城壕格局（图八〇）。

图八一　砂石路标识的环城壕沟

考古人员在西城墙、北城墙外侧 2～3 米处发现存在一条宽约 5、深 2.7～3 米的环城壕沟。设计单位根据最新的考古成果，经咨询专家意见后，决定对其进行简单标识展示。施工单位确定环城壕沟的位置和范围后，从西城门外侧经城墙西北角到北城门外侧，用碎石子铺垫出一条长约 300、宽约 2.5 米的砂石路（图八一），既可用来标识环城壕沟的走向，又可作为步道引导观众通向城址内部。

三、竣工验收

盘龙城遗址文物本体保护展示工程的合同工期为 300 个自然日，工程施工实际经历了900多个自然日。主要原因是文物保护工程的特殊性，设计单位要根据以往的考古数据核实遗址现场的具体情况，还要结合最新的考古成果进行保护展示方案的调整。为了保证遗址保护展示的真实性、科学性甚至需要经过数十次的反复研讨论证，施工只能在考古依据明确、设计调整完善的前提下开展，所以造成了较长时间的施工暂停、工期延长。业主单位和代建单位及时组织整理工程管理、工程技术、工程测量、工程施工、工程试验、工程物资、施工质量验收等资料及各个环节的照片影像，严格实行监理制，由监理组织项目分部、分项工程及隐蔽工程验收，合格率全部达到要求。

2016年3月30日，代建单位——武汉地产开发投资集团有限公司在施工单位项目部组织预验收会议（图八二），邀请省、市文物考古专家及相关职能主管部门领导参与，经过现场踏勘本体保护展示工程、查阅工程竣工资料，专家组原则上同意通过预验收，并对验收资料及现场情况提出相应整改意见，可以申请开展正式验收工作。

2016年4月8日，湖北省文物局组织文物保护工程管理、建筑、考古方面的专家，召开盘龙城遗址文物本体保护展示工程项目竣工验收会议（图八三）。按照《文物保护工程管理办法》有关规定，项目验收组专家实地查验了工程现场，听取了业主单位、施工单位、监理单位的工作汇报，核查了工程档案资料，经过讨论，认为盘龙城遗址文物本体保护展示工程项目，审批程序和施工组织管理规范，实施过程符合文物保护的基本原则，文物本体得到了有效保护，遗址环境风貌也得到较好维护，人工干预和原始生态实现较好结合，工程质量和效果达到设计要求，档案资料齐备完善，同意通过竣工验收。虽然现有宫殿区保护展示工程达到原有方案设计要求，但实际效果不够理想，建议调整设计方案重新施工；进一步加强考古工作

图八二　盘龙城遗址文物本体保护展示工程预验收会议

图八三　盘龙城遗址文物本体保护展示工程项目竣工验收会议

图八四　盘龙城遗址本体保护宫殿区展示及配套工程验收会议

和研究，以便完善宫殿区展示和阐释体系。加强后期管理、监测与维护，工程保修期限不少于五年。

2018 年 1 月 24 日，代建单位和业主单位组织各方专家对盘龙城遗址本体保护宫殿区展示及配套工程进行了复审验收（图八四）。按照《文物保护工程管理办法》有关规定，专家组实地查验了宫殿区现场，听取了施工单位的工作汇报，经过讨论一致认为盘龙城遗址本体保护宫殿区展示及配套工程符合文物保护原则，遗址本体得到保护，工程质量和效果达到设计要求，复原展现了盘龙城宫殿基址的原貌，历史氛围感增强，同意通过复审验收。会上提出排水管道的复原可改进，外形及纹饰应更忠于原型，人行木栈道的材料需更换更加环保耐用的材料，考古探方区域补充地层信息，增强真实感，工程的保修期限不少于五年。

第二节　环境整治工程施工

按照武汉市政府《关于加强盘龙城遗址保护与开发建设工作的会议纪要》（2012 年第 62 次专题会议纪要）精神，盘龙城遗址核心保护区环境整治工程业主单位是武汉市文化局，代建单位是武汉地产开发投资集团有限公司。2013 年 8 月，配套工程经评标确定北京怀建集团有限公司为施工中标单位，赤峰长城古建筑监理咨询有限公司为监理中标单位。2015 年 4 月，绿化工程经评标确定武汉市南国绿化工程有限公司和河南华磊园林工程有限公司联合体为施工中标单位；北京中协成建设监理有限责任公司和安徽省中灏工程咨询有限公司联合体为监理中标单位。2016 年 12 月，环境整治调整工程经评标确定湖北中湘建设实业有限公司和北京怀建集团有限公司联合体为施工中标单位，上海容基工程项目管理有限公司湖北分公司和河南东方文物建筑监理有限公司联合体为监理中标单位。

一、施工准备

施工单位与业主单位、设计单位深入沟通，充分了解项目背景和要求，明确设计意图和施工难点，制定详备的施工计划，包括技术准备、物质准备、劳动力组织准备和施工现场准备等。综合考虑遗址保护、交通运输和施工安排要求，施工单位将项目部选址在盘龙城遗址核心保护区边缘的大邓湾南侧，该位置与遗址核心保护区保持一定距离，对盘龙城遗址的影响较小。项目部西侧又临近盘龙大道，便于材料、设备运输和人员通行。

根据相关建筑工程施工规范和文物保护要求，施工单位确定施工的基本原则。第一，遵守对遗址“最小干预、最大保护”的原则，禁止大型机械进场施工，只能人工进行除杂。施工现场不擅自挖掘，凡涉及开挖施工部位，均需经过考古确认及业主单位同意后方可实施。注意保护现场文物遗迹，施工过程中一旦发现文物要立即保护好现场，及时向业主单位上报。第二，本着全面清理、线性整治、重点营造的原则进行环境整治工程。全面清理遗址区内的垃圾杂物，保障道路通畅、卫生清洁、视野通透。对道路等配套线路进行适当整治，坚持“少挖、不挖”的原则，所有填埋作业工程，比如绿化种植、景观电气、给水管线、道路铺装等全部在回填土的范围内进行，保证不破坏原有地层，回填土方必须在盘龙城遗址以外取运，土质土色接近盘龙城遗址上的土壤。对遗迹保护展示点、互动体验区、广场入口等重点场所进行历史环境和自然环境氛围的营造。第三，注意生态环境和消防安全，雨水排放采用天然排水，最大限度减少人工干预，沟渠与周围环境自然协调。严禁在施工作业区携带火源，施工材料必须堆放整齐，特别是易燃材料必须放在安全位置，所有垃圾都由人工进行搬运，对于不能回收再利用的垃圾，进行集中转运到 8 千米外的垃圾厂处理。

二、施工项目

（一）场地整理

图八五　遗址核心保护区内村庄拆迁后的建筑垃圾

盘龙城遗址核心保护区内居民拆迁、退耕后，荆棘遍布、杂草丛生、树木茂密，仅有一些羊肠小道穿插其间，场地清理难度很大（图八五）。为了保护遗址文物安全，再加上现场施工条件有限，施工单位采取人工搬运为主、机械为辅的方式进行场地处理。施工人员将遗址区内四处分散的建筑垃圾和生活垃圾收集起来后，用手推车转运至主干道旁集中堆放。当堆放数量达到一定规模后，使用农用三轮车或翻斗车转运至遗址公园外的无害化处理场所进行处理。

植被清理采取人工清理和化学清理的方式。工作人员在进行清理时，佩戴安全帽、手套等防护用品，以工程区域拉起的轮廓线为标准，使用砍刀、镰刀、手锯等工具清理杂草、灌木，砍伐直径 5 厘米以下的树木，保留大径树木，避免误伤保护植物，最大限度保留原生态。针对需要清理的大面积植被，工作人员使用喷雾器等工具将化学药剂均匀喷洒在植被上，喷洒时注意避免对周围植物和土壤造成污染，在化学药剂发挥作用后，使用砍刀、镰刀等工具将植被割除或砍倒，用手锯等工具将大型植物的根系清除，将清理后的植物运离现场或进行集中处理。

施工单位对盘龙城遗址核心保护区陆地区域内建筑垃圾、生活垃圾和杂草枯木的清理面积达到 20 万平方米，对道路、池塘及绿化区等进行场地平整，因地制宜、减少扰动、只填不挖，平整地形遵循设计标高，保持 3‰～5‰的排水坡比，达到利用地形自然排水的效果，为本体保护展示工程和环境整治工程的开展打下了良好基础。

（二）园林绿化

施工单位采用先进的园林施工技术，积极推广和应用新技术、新工艺、新材料、新设备，精心组织、科学管理，制定合理高效的施工流程。在遗址外选用地处

2 米以下的黄土作为主要种植土源，绿化范围内必须回填土壤，回填土厚度一般在 0.3 米左右，通过掺杂沙土和泥炭土改良回填土。为了不破坏遗址原有地层，使用人工加小型机械对地表进行绿化及养护（图八六），特别对无法满足大中型乔木种植所需土壤厚度的地方，施工单位采用培土种植的方式，不下挖地层，直接将土球高于地表堆土种植。

按照遗址保护和展示的功能要求，对绿化功能进行明确分区。城址内外保留少量特色乡土树木和长势良好的天然草种，并辅以新植狗牙根，体现出盘龙城的自然生态和历史氛围感（图八七）。李家嘴墓地采用醒目的红檵木以规则的方块式种植标识出各个墓葬位置和规模，并种植法国冬青设置隔离带使整个墓地与滨湖断崖分离，无缝铺设草皮连接墓地与参观道路。北城墙外壕沟以卵石铺地，在水流自然冲刷下卵石缝中天然草种丛生，形成独特的湿地景观。根据坡地、湖塘、水沟等不同地貌，布置不同植物种类，参观主干道两边培土种植乔木、花卉与草皮，与不远处的原生灌木林自然过渡，选取部分原有耕地进行试点改造，种植向日葵、油菜等季节性农作物，打造生态休闲的农田景观，水塘种植荷花和岸边水生植物，形成了丰富的景观背景，与周边环境相得益彰。

图八六　工人进行绿化养护

图八七　城址内绿化整治效果

遗址内绿化树木配置原则是自然式栽植方式，依托现状树种，或乔木三五成组，或灌木成团、成片栽植，采用无缝、有缝或方格型花纹等方式铺种草坪。整个项目共完成乔木种植 557 株、灌木种植 381 株、地被草坪 113351 平方米，绿化工程最大限度地保留了遗址原有的自然生态环境，进一步提升了遗址的整体形象和舒适度，也为游客提供了一个更加宜人的游览环境。

（三）水环境整治

盘龙城遗址区域内水体众多，防洪工程是确保遗址公园建设安全的重要保障。2015 年 5 月，武汉市盘龙城遗址博物馆筹建处与黄陂区盘龙城经济开发区管委会、叶店村村委会三方协商，盘龙城遗址西南角的艾家嘴排灌站使用权移交到武汉市盘龙城遗址博物馆筹建处，馆方安排专人看管排灌站，雨季洪涝时将遗址内湖水排到府河，旱季缺水时将府河水引入盘龙湖，通过滞洪补枯调控盘龙城遗址周边湖水水位保持在合理区间，避免湖水对盘龙城城址和其他遗迹造成大面积侵害。经现场查勘，对杨家嘴、李家嘴、王家嘴、小嘴、艾家嘴等遗址点的部分沿湖陡坡进行简单加固，在发现遗迹的地方覆盖厚毛毡，在无遗迹的陡坡附近安置交错的木桩并夹铺苇席护坡，减缓湖水冲刷造成的侵害，使暴露在湖边的文化遗存得到保护。

2016 年 7 月，武汉发生特大暴雨洪涝灾害，盘龙城遗址险象环生，洪水泛滥导致府河堤盘龙城段上游发生溃口险情，损失巨大。2017 年上半年开始，黄陂区政府对府河堤盘龙城段堤防实施加固工程（图八八），堤防加固等级为 3 级，堤顶宽 8 米，堤顶平均高程达到海拔 28.91 米，堤坝的防浪台宽 20 米，压浸台宽 30 米，“两台”高程低于堤顶高程 5 米，内外边坡均为 1∶3，可以抵御 50 年一遇的洪灾。堤顶及附近设有道路，承担防洪交通运输功能。府河堤坝加固后，基本上保证了盘龙城遗址免受洪水的直接侵害。

（四）水电照明

盘龙城遗址附近有盘龙城经济开发区内自来水厂，供水能力充足，周围有完善的市政管网，从遗址公园西、北两侧接入市政管网，满足园区内生活用水、消防用水和景观用水。为保证供水安全性，室外高压管网采用生活、消防合用管网的形式，充分利用市政压力直接供水，室外主干管呈环状布置，次干管采用支状和环状结合的形式，给水管网采用地埋式，所有管线设施一律地表垫土敷设，给水管道安装施工先回填 0.6 米厚的垫土，再挖 0.45 米深的沟槽进行管道安装。主干管加装保护套管沿主路敷设，适应小型车通行要求。次干管沿建筑物或者遗址观光路敷设，管道敷设位置不应影响遗址安全，不破坏遗址原有地层。保护并合理利用场地内原有的湿地、坑塘、沟渠等，在建筑、广场、道路周边布置隐蔽性生态植草沟排水（图八九），利用沉淀池、前置塘等对进入绿地内的径流雨水进行预处理，防止径流雨水对绿地环境造成破坏。

施工单位按照设计要求，拆除 2085 米的老旧高压电线，新增一台 630 千伏安变压器和一条 2085 米的 10 千伏电缆线路。根据园区景观“点、线、面”的设计原

图八八　府河堤坝加固整治

图八九　管道井口周围覆盖草皮

则，在确保文物古迹安全的基础上，提供适当的游览观赏照明。在园区主干道安装3.5米高带有公园标志的庭院灯，安装间距30米左右，光源采用150W高压钠灯；在园区广场、南北环线道路、博物馆等处安装上百个0.5米高庭院灯，光源采用150W高压钠灯；在园区停车场安装3.5米高庭院灯，光源采用150W高压钠灯。

（五）道路交通

遗址公园内交通系统主要包括了主干道、南北环线步道、城址步道和停车场。根据海绵城市建设的要求，主干道变更为透水混凝土道路，步道建设有碎石路、块石碎拼路、水泥仿木栈道、木栈道、汀步等，以水泥仿木栈道和块石碎拼路为主，其他类型的道路因地制宜，有机衔接。

施工单位利用原有土路修筑主干道，用硬骨料进行填充碾压局部松软路段，经过考古勘明的遗存地段时采用垫土方法随形就势，铺设仿红土新型环保透水混凝土，修筑路面总长1200余米，宽6米（图九〇），成为连接西大门和遗址区的重要通道，主干道两端设有停车场与回车环道。这种新型路面材料能利用自然力量吸水、排水，最大限度减少人工干预，维护生态平衡。

步道路线长，涉及面广，建成路线长约5800米。步道西起遗址公园管理出入口前方的水塔位置，北与西广场大门、博物馆区域相连，串联起博物馆、西广场、互动体验区、城址、考古发掘展示点等多个参观节点，形成环绕整个遗址核心保护区的步行系统，与主干道共同构成便捷、完善的交通体系。

施工单位在建设时以文物安全为前提，以最小干预和可逆、生态为原则，道路施工只涉及表土层，根据地形地貌特征注意路面的稳定和排水问题，沿途区域保持原始、自然的景观风貌，并结合地形与景观在适当节点设置若干休息点。南侧步道区域地形复杂、潮湿，雨后易长时间积水，蚊虫蛇蚁较多，采

图九〇　透水混凝土主干道

图九一　南环线水泥仿木栈道

图九二　游客在石凳上休息

用水泥仿木栈道为主（图九一）、块石碎拼路面为辅的道路形式，既保证了游客行走的舒适性、安全性，也便于后期维护管理。北侧步道面向盘龙湖，为岗地滨水区域，以块石碎拼路为主、局部以水泥仿木栈道衔接，沿途适当节点设置休息点（图九二）、亲水平台、小码头等。城址步道采用汀步和木栈道两种路面形式。南门、北门上下坡的地段灵活设置 1.5 米宽的汀步，能供两股人流通行。在宫殿区和东、南、北门的墙基处铺设水泥仿木栈道，方便观众参观宫殿区和整个城址。

（六）导览标识

2017 年，施工单位根据设计要求，制作了盘龙城遗址核心保护区的标识系统，分为指示标识、功能标识、景点标识三大类，材料以青铜板和浅色砂岩为主，施印盘龙城代表性青铜纹饰。指示标识包括景区平面图、出入口、禁止性标牌、方向指示牌等，功能标识包括洗手间、商亭、停车场、游览车候车处等，景点标识依据景点范围进一步划分出三个等级，一级为盘龙城国家考古遗址公园、保护标识牌、盘龙城遗址陈列室，二级为宫城、李家嘴、杨家湾、楼子湾、小嘴、王家嘴、江家湾、杨家嘴、艾家嘴等遗址点，三级为东城墙、西城墙、南城墙、北城墙、东门、西门、南门、北门、北城壕等遗迹点。在西广场入口、江家湾三岔路口、考古工作站、互动体验区和城址西北角等重要游线节点安置导览图（图九三），对宫殿区、李家嘴墓地、城墙、北城壕等主要遗迹点以及 1954 年盘龙城遗址

图九三　考古工作站外设置的导览标识牌

图九四　主干道旁的导览标识

图九五　主干道旁的景观小品

首次发现地点、1976年考古工作队开凿水井等考古相关展示点进行重点说明介绍，对其他展示点进行简略介绍。

2021年，盘龙城遗址博物院针对园区内导视系统存在数量不足、指示不明、内容不丰富、耐候性较差等突出问题，开展了盘龙城国家考古遗址公园导视系统改造提升工作。

根据盘龙城遗址的价值特点和地域特色，导览标识以仿夯土基座和古铜色不锈钢作为主要材料，使用不锈钢腐蚀填漆工艺，耐候性强（图九四）。标识类型包括园区区位介绍图、园区总平面指示、遗址标识、遗址解说牌、参观流线指引、分区指引标识牌、公共区域门牌识示、提示警告标识、停车场标识、车行指引等。

标牌介绍内容采用中英日韩四种文字，考虑到遗址区面积大、游览时间长，在指引标识中列出步行距离和所需时间，帮助游客在游览中进行行程预估。标牌体量、文字大小和颜色涂装上既考虑可识别度，又与遗址本体和周边景观风貌相协调，同时运用钢化玻璃等现代材料在遗址现场还原古迹原貌和考古场景，景观小品展示盘龙城商代先民炊煮、捕鱼、采摘、农耕、操演、冶炼等生产生活场景（图九五），警示、门牌图标选取展览人物元素进行加工创作，展现盘龙城遗址特色。

施工单位在安装标识时，注重对遗迹的保护，所有落地的标识标牌都是在回填土上填埋，深度不超过0.3米。总共安装一级标识公园总体介绍4组，二级标识导览流线指引43个和公园平面地图28个，三级标识遗址点介绍15个，四级标识停车场、解说牌和打卡点共计12个，五级标识门牌24个以及其他各类标识若干。

（七）互动体验区

互动体验区选址区域虽然经过前期的考古勘探表明此处曾被村庄占压破坏而无考古遗存，但是建筑基础的可挖掘深度仍然受到严格的限制。为了减轻对自然环境的干扰，设计时选用轻量的钢木结构，施工时选择以填代挖的方式，保留原有地形，这种做法有助于最大程度地保护遗址本体和生态环境。

互动区整体包含 5 个单体建筑及 2 个考古大棚（图九六），其中 1、2、3 号建筑为木结构，作为制陶作坊区；4、5 号建筑也为木结构，考古大棚则为钢架结构，作为考古体验区。制陶作坊区由室内展示和室外体验两部分组成，作坊区建筑古朴生态，屋顶为仿穿斗式的单坡屋面，上面铺设茅草。建筑周边保留场地原有粗壮树木，增植部分高大乔木形成林荫空间，根据现状水塘种植岸边水生植物，树下种植

图九六　互动体验区

低矮植物，与周边环境相得益彰，自然而不突兀。考古体验区则设置了考古发掘体验探方，采用简单的钢构考古大棚。考古大棚紧邻原来村民留下的长满荷花的池塘，以分散布局的模式尽可能减小自身体量，建设环形步道连接不同功能区。施工单位采用改性混凝土的工艺对互动体验区的建筑地坪外漏部分、模拟考古探坑内壁及探坑周边地面等区域进行施工，土黄色的外表跟遗址上的土色接近，与周边环境协调自然。

（八）西广场

西广场临近盘龙大道，建设之前此区域除长满杂草灌木外，还被部分商铺、民居及近现代墓地所占。由于此处被占压破坏严重，考古钻探未见发现古代遗存，施工单位采用削高填低的方式对西广场地面进行平整，平整面积约 20000 平方米，施工面积 6000 余平方米。根据设计方案，施工单位进行高程测量定点放线，地面水稳层碾压浇水养护，广场浇筑混凝土基层，埋设排水管道，铺装地面各种石材，制作安装广场线性排水沟，安装弧形梯步碎拼地面石材以及植草砖铺装种草。

图九七　遗址公园西广场

广场中央设立仿古夯土弧形景观墙一座，上挂仿铜金属材质的“盘龙城国家考古遗址公园”11个大字（图九七），两侧L形景观墙各一座，三处景墙均采用装饰混凝土墙板材料，从颜色、形态等方面模拟盘龙城墙体夯土层的特征，景墙效果同盘龙城夯土城墙形态呼应。广场地面通过不同颜色深度的砖石拼塑出盘龙城出土的商代青铜大圆鼎造型，并在中心地带设置地面喷泉。广场两侧增植部分高大、古朴的乔木，调整树木的天际线变化，起到绿化造景的效果。

（九）服务设施

遗址园区内建设有卫生间、商亭、休息点、垃圾桶等相关配套服务设施。

根据参观路线里程和景点分布，在管理消防出入口内、江家湾三岔路口旁、互动体验区内、考古工作站外和小嘴北侧建设5处卫生间，每处卫生间包括男卫生间、女卫生间和无障碍卫生间。施工单位遵循最小干预、生态环保的原则，将卫生间选建在断坎边，利用回填土平整夯实并浇筑硬化地面，在坡下附设可逆环保的化粪池和沉淀池，定期进行清理和抽排。卫生间外的装饰及屋顶材料选用木材，采用比较粗犷的木纹，色彩沉稳，古朴风格自然融入到周围环境中（图九八）。根据实际需要，在江家湾三岔路口旁修筑一处木构商亭，商亭外观风格与卫生间协调一致，二者组成一个比较完善的休憩节点。

游览线路沿途因地制宜设置不同类型的休息点，在城址区域放置8套原木坐凳，凳面涂有清漆，生态环保（图九九）；在南北环线步道上共设置5处自然形状的石桌石凳和10处菠萝格木质坐凳；在主干道两侧间隔50米交错设置38组玻璃钢

图九八　无障碍卫生间

图九九　原木坐凳

图一〇〇　工作站前的水井

坐凳。在游览线路和景观点上布置 51 套仿铜色不锈钢垃圾桶，按照最新分类标准设置有可回收、有害、厨余及其他垃圾投放口。

（十）水塔、水井

2015 年 8 月 19 日，武汉市文化局、武汉市盘龙城遗址博物馆筹建处邀请相关专家召开关于盘龙城遗址本体保护展示工程第一期标识系统设计方案的论证会。会议认为，与盘龙城遗址本体无关的人工建筑物应进行淡化处理，即不将其作为景点进行标识，如城址内西北角的明清坟墓、江家湾水塔、府河防汛堤坝等。因此，原先设计水塔改造为瞭望台的方案被取消，水塔建筑本体予以保留，周边进行适当的绿化，对水塔的改造利用或者拆除处置留待以后解决。

工作站前的水井设施是由沙土坑、渗水井和澄滤池三部分组成（图一〇〇）。沙土坑长 5 米，宽 2.5 米，四周用直径 0.05 米的原木砌边，里面铺垫一层约 0.2 米厚的细沙土。渗水井口砌垒 0.2 米高的改性水泥井圈，上铺防坠金属网，井圈周围 1.5 米的半径内铺设泥结石地面，硬化地面外围用斜三角砖圈边。澄滤池基本上保持原样，内外侧涂抹一层改性水泥，与井圈风格保持一致。靠近木栈道旁竖立一个“考古队水井”的景点说明牌。

三、竣工验收

2018 年 10 月 26 日，业主单位组织专家进行了项目初步验收。经过现场踏勘和资料检查，专家组认为盘龙城遗址核心保护区环境整治工程符合国家文物局的相关批复要求和设计方案，施工质量较好，初验合格。为了迎接竣工验收会议，专家组提出业主单位和施工单位进一步加强在安全、质量方面的自查，完善局部环境，清理整洁场地。

2019 年 1 月 24 日，湖北省文物局组织盘龙城遗址核心区环境整治工程验收会议（图一〇一）。按照《文物保护工程管理办法》有关规定，验收组实地查验了工程现场，听取了业主单位、施工单位、监理单位的工作汇报，核查了工程档案资料，经过讨论，认为该工程符合国家文物局批复的要求，符合设计理念；工程手续完备，申报程序符合相关规定；工程质量合格，工程效果较好，原则通过验收。同时专家提出在正式验收后业主单位进一步加强自查，针对存在的问题进行整改，例如局部绿化效果较差，树木成活率低，需加强绿化养护工作，尽快对未成活树木进行更换；互动体验区屋面侧面茅草松散零乱，不美观，需要整理收边；水泥仿木栈道面板松动空鼓，局部不平整，需修整及更换；地灯造型容易使游客误认为坐凳，设计酌情考虑；竣工图及资料需保证现场真实性等。

图一〇一　盘龙城遗址核心区环境整治工程竣工验收会议

第五章

工程亮点

我国大型土遗址往往面临着保护展示难度大、可视性效果差的困扰。在盘龙城遗址核心保护区遗址本体保护展示和环境整治工程中，我们碰到了诸多问题，如严重残损的城墙如何做到既能保护又能展示？埋在地下的宫殿基址如何向观众进行直观展示？要解决这些问题，必须因地制宜。我们结合遗址的气候环境以及保存状况综合考量，广开思路，采用新方法、新工艺，最终做到遗址保护与展示的有机结合，将工程难点打造成工程亮点。

第一节 城墙覆土植草保护展示

盘龙城高耸的城墙虽然遭到了严重破坏，但是仍能看出城墙轮廓（图一〇二），在商代城址中是保存较好的城址之一。考古勘探发掘表明，盘龙城选建在两条南北向的低丘岗地上，夯筑围拢成接近方形的城墙轮廓，墙体外坡陡、内坡缓。每面城墙中间各有一座城门，每座城门右侧的墙体向外凸出1～2米，应是城墙的防御设施。城外有壕沟，与城墙走向一致。南城墙中段偏西处有一石砌排水涵道连通外城壕，起到城内防洪排渍的作用。盘龙城的城址规模较小，城墙建筑体系丰富，适宜进行整体性的保护展示。

目前，盘龙城遗址的自然破坏因素主要是跟当地气候环境有关的暴雨洪涝威胁、雨水冲刷、水融等。洪水始终是影响盘龙城遗址保护的重要因素，1954年，盘龙城遗址因百年一遇的大洪水而遭到破坏，现在盘龙城遗址本体保护展示工程也需要重点考虑防洪措施。武汉潮湿多雨的气候环境决定了盘龙城遗址本体保护展示不能像北方的大多数夯土城墙那样进行露天原状展示。我们在进行城墙本体保护展示设计及调整方案时，采取了覆土植草的保护展示手段。

城墙覆土不是简单的覆盖一层土壤，而是采用改性土包土的夯土工艺，这主要是能够起到防止雨水冲刷、浸泡的作用。依据考古材料支撑和专家论证，对仅剩墙

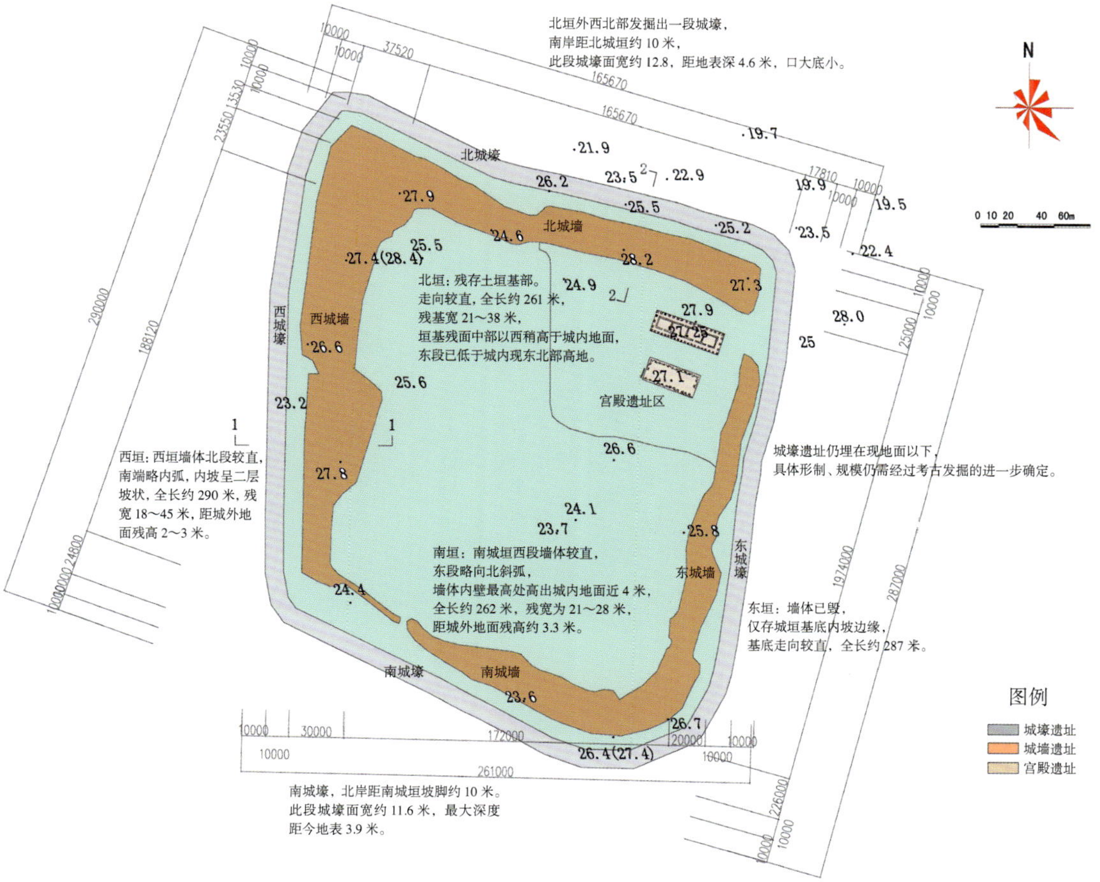

图一〇二　城墙现状平面示意图

基的部分覆盖夯土，展现墙体的范围和走向，城墙外侧坡面与地面夹角保持在 62° 左右，内侧坡面与地面夹角保持在 45° 左右，体现出城墙外陡内缓的防御结构；对残存在地上的墙体部分如西城墙的部分地段只覆盖土壤，不夯筑，保持残存墙体的原有面貌；对东、南、北三座城门位置各保留 6 米左右的缺口，为将来的考古发掘预留空间；南城墙东南、西南城角外线复原成自然的抹圆角。

设计单位对遗址内城墙表层土和内部夯土取样测试分析后，发现城墙表层土与内部夯土性质基本一致，都是粉质黏土，黏粒含量大于 15%，唯一区别的是表层土的天然含水量略大于内部夯土。于是，建议覆土保护的土质应选择天然含水率合适、黏粒含量不小于 15%、塑性指数大于 12 的粉质黏土，并确保无大颗粒杂质及有机质。在遗址区外采购符合要求的土源后，施工单位首先对石灰改性土按 5%、8% 和 12% 三种比例做对比试验，当试验改性土达到养护强度后，用铁锤凿击不同试验比例的土样，测试其各自的强度，并观察不同改性土的颜色是否接近城墙夯土的颜色，最终经过专家确定 8% 比例的改性土为施工夯土。

回填夯土符合可辨识、可逆性的要求，土质土色接近但有别于原始城墙的土质土色。为了增加回填夯土与原始墙体的结合力，施工单位对城墙顶部和边坡分别采用喷洒水雾、拉毛表面和分层预埋防腐处理过的木质短锚杆等措施加大二者的接触面积（图一〇三）。回填夯土的厚度一般在 1 米以内，只有墙体缺失严重的地段回填夯土的土方量较大，能达到将近 3 米厚，如南城墙西段的排水管道缺口和东城墙的城门口等位置。

2013 年，在进行盘龙城遗址本体保护展示工程方案的深化设计时，武汉市盘龙城遗址博物馆筹建处的刘森淼研究员提出南方地区最常见的古代城墙保护方法是在城墙上种植狗牙根一类的植物，并经常加以维修。设计单位采纳了这一意见，要求在城墙顶部种植狗牙根固土，但未要求城墙边坡植草固土。

2015 年，南城墙覆土加固施工的过程中经历了一段时间的潮湿多雨天气，城墙护坡出现了明显松动，有的墙体被冲出沟槽，面临垮塌的危险（图一〇四）。经过业主单位、代建单位、设计单位、施工单位及专家组等各方多次开会论证，认为

图一〇三　城墙边坡支设锚杆

图一〇四　雨水冲刷后的城墙护坡

图一〇五　北城墙保护展示效果

狗牙根是武汉地区的原生草种之一，并且在整个湖北地区分布广泛，其根系浅，不会对遗址造成破坏，而且具有极强的耐践踏性、适应性和再生性，是固土护坡、保持水土的优良植物品种。最终，专家论证会决定城墙保护展示设计作出变更，将原设计边坡改性土全部改为素土分层夯实，并种植狗牙根固土保土。由于边坡倾斜度较大，草皮铺挂有一定难度，施工单位先挂设镀锌铁丝网再插入竹签或铁钉固定横向铺设的草坪，浇水土壤膨胀后使用铁锹拍实，能够养护保潮，易于狗牙根的成活。成片的狗牙根紧贴在墙体表面，其根系密实，植株矮小，对城墙起到明显的保护作用（图一〇五）。

经过夯实保护和覆草绿化的城墙，既完整呈现了 3500 年前武汉城市之根的城址轮廓，也实现了对城墙本体的全面保护，有效避免了气候环境和大众参观带来的破坏，实现了较好的遗址保护和参观展示效果（图一〇六）。

图一〇六　城墙覆土植草保护展示效果

第二节　宫殿基址模拟复原展示

宫殿区位于盘龙城内东北高地上。盘龙城商代先民依据南方潮湿多雨的气候特征，通过长期实践，摸索出一套与之适应的建筑风格技法，在自然高地或人工土台之上，挖洞埋柱，修建两面坡或四面坡式木构建筑。宫殿区建筑坐北朝南，方向南偏西 20°，这一建筑方向与当今武汉市居民住宅建筑南偏西 15° 的最佳朝向基本契合。为了方便排水，宫殿基址西南侧采用了当时规格较高的陶质排水管。

20 世纪 70 年代，考古人员在对宫殿区建筑揭露以后，为了保护好遗址现场，已经进行了科学回填，地表之上仅能看到几个垮塌的考古探方和一些用灰渣土示意的建筑柱洞。如何将深埋地下的宫殿建筑基址进行展示，成为摆在设计单位面前的一大难题。

《盘龙城遗址保护总体规划（2007—2025 年）》和《盘龙城遗址保护展示工程设计方案》都对宫殿区保护展示提出了“覆土保护、模拟复原”的建议。设计单位在深化设计时，进一步明确了展示手段，即台基采用三合土夯筑结构，基底土质高 0.45 米，建筑墙体、木柱高出基底 0.3 米，宫殿土墙采用加植物纤维泥筑，墙中木柱使用老旧杉木，台基范围的地面为泥结石路面。这种展示方式符合商代的土木建筑材料和建筑结构，并且在我国北方地区的早期大遗址中广泛使用，呈现效果也较好，能展现出古代土木建筑的历史沧桑感。

2015 年夏季，施工单位按照设计方案完成宫殿建筑基址的保护展示施工。工程完成后不久就遇到了“水土不服”，两三场狂风暴雨将复原的宫殿土墙冲垮。夯土墙上的泥巴粘性特别大，当地人形容为“晴天硬如刀，雨天一团糟”，经雨水冲刷后的墙体存在板结、开裂等破败迹象。在验收之前，施工单位多次尝试用搅拌泥填补残缺部位，并将布纹网在外侧粘贴封住墙体。这种打补丁的方式更加导致宫殿区保护展示工程的视觉效果不佳，缺少美感和艺术感（图一〇七）。

面对此种情况，无论是建设单位还是设计单位都意识到“原汁原味”的夯土建筑模拟复原工艺不适应南方的气候环境，必须另辟蹊径，寻找到一种适合本地气候

图一〇七　宫殿区第一次保护展示工程修补后现状

环境的展示模式。起初，我们寄希望于在全国范围内寻找合适的工程设计单位或者成熟的保护工程案例，全面摸排后发现全国大遗址保护展示工作大部分也都在起步之中，如何将遗址特色内涵与艺术展示有机结合，是当时的普遍突出问题。最终，我们意识到每一处遗址都是独一无二的，没有什么通行的经验可以复制，只有做到因地制宜，在实践中大胆摸索，才能真正做好遗址本体保护展示工程。

自 2015 年 9 月起，我们组织专家组和工程代建、施工单位人员先后召开了数次专题论证会，讨论宫殿基址模拟展示的设计细节，经过数次思想碰撞，设计深化的方向愈加清晰，思路更加明确。长年在盘龙城遗址从事考古研究工作的刘森淼研究员对盘龙城遗址有着深入研究与独到见解，他在 2015 年 11 月 24 日的专题论证会上发表意见，认为宫殿基址保护展示原来的设计思路是基本正确的，主要是形式上太呆板，材料不服水土，要根据南方的气候特点进行选材。他还大胆提出自己的设计意向，并现场绘制了宫殿模拟展示设计草图（图一〇八），建议宫殿区墙体从原先的 0.8 米改成 0.3～0.5 米的高度，大部分墙体要表现高低错落的残垣断壁状；墙体的夯层厚度控制在 0.1～0.15 米，夯层线条不要太规范，略有错落即可；平整的木柱改成经岁月侵蚀的自然腐朽式，呈现出历史沧桑感；留出一部分空间做成南

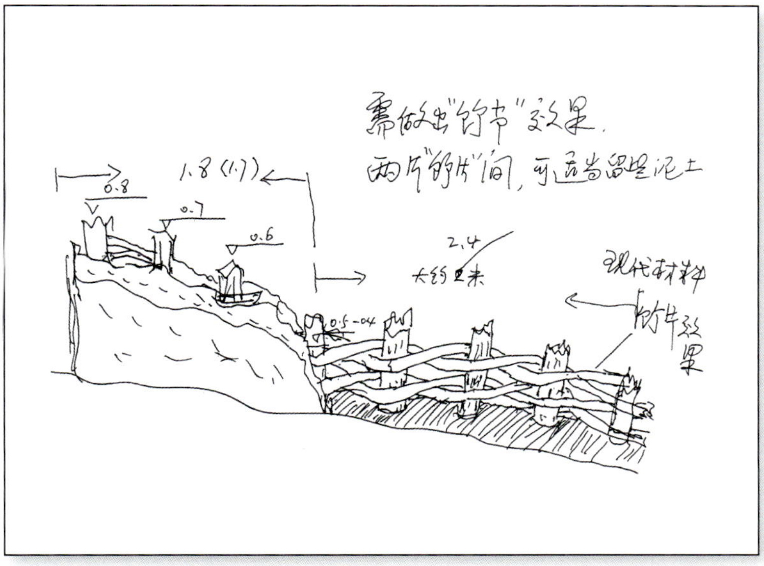

图一〇八　刘森淼草绘的竹编夹泥墙模拟展示图

图一〇九　考古资产保护利用盘龙城论坛与会专家指导宫殿基址模拟复原展示工程

图一一〇　李伯谦、胡美洲现场指导宫殿基址模拟复原展示工程

方地区常见的竹编夹泥墙，可以给观众提供思考古代墙体结构的余地，激发历史思绪。该建议得到了与会专家领导王风竹、胡美洲、陈振裕的一致认可。自此，确定了调整宫殿基址模拟展示方案的思路，接下来需要确定宫殿基址保护展示工程的建筑材料。

宫殿区模拟展示工程的初次失败也引起了各级领导和专家们的高度关注（图一〇九）。夏商周断代工程首席科学家、北京大学教授李伯谦先生对盘龙城有着特殊的情结，自盘龙城遗址本体保护展示工程开工后，特别是宫殿展示出现问题的时候，曾多次来到现场指导（图一一〇），提出宫殿区内散水中是否铺有陶片并不能完全确定，在商代城址的考古发掘中还未有普遍发现用陶片作为散水的现象，若以陶片标本作为现代文物保护展示材料的这一做法也不适宜，建议放弃之前在宫殿区用碎陶片铺设散水的设计，在新的方案中要依据考古报告增加更为丰富的考古信息，比如将排水管道展示出来，还要想办法将宫殿的门道进行标识。2016 年 3 月，国家文物局领导针对宫殿基址保护展示相关问题作出指示，要求在专家的指导下，充分利用考古资料对原有方案进行调整。

我们先后去了湖南澧县城头山遗址、武汉园博园、潜江龙湾遗址等地（图一一一），主要对室外模拟建筑展示使用的材料进行考察，发现普遍采用玻璃钢制作室外景观，但质感效果不算太完美，表面色彩会随着时间变长而失色或脱落。施工单位——北京怀建集团盘龙城工程项目部的技术负责人任逸凭借多年工程经验的积累，提出尝试一下装饰混凝土，这种新型建筑材料具有仿遗迹效果好、轻质便捷、耐久性强、拆卸可逆的特征，基本上不会对遗址本体造成不利影响。为了选取

图一一一　潜江龙湾章华台基址展示平台

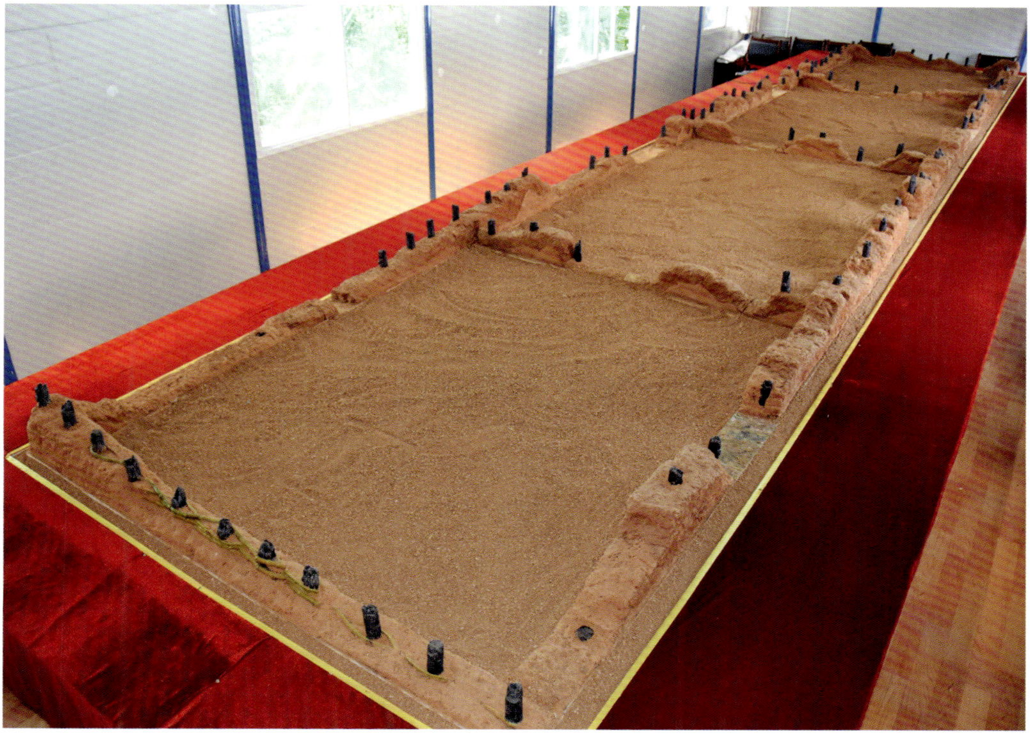

图一一二　1 号宫殿基址模拟复原泥塑模型

合适的材料，我们经过前期调研，专门请相关厂家分别制作了玻璃钢和装饰混凝土两种材质的宫殿墙体小样，并对材料的强度、抗冻、抗渗、防裂等性能进行了不断的试配调整。经过反复试验检测，并根据专家研讨会决定，最终选用了装饰混凝土作为宫殿基址模拟复原展示工程的建筑材料。

为了保证实际施工能够达到预期的效果，我们确定了实施程序，即先做泥塑模型，再利用新工艺、新材料，采用 3D 扫描、制模完成现场安装。

施工单位在工程项目部搭建了一处特制的工棚，聘请武汉市非遗传承人、著名的泥塑大师“泥人胡”胡作林先生按 1∶3 的比例做一个 1 号宫殿基址模拟复原的泥塑模型（图一一二）。在泥塑小稿创作调整的 3 个多月的时间里，我们邀请李伯谦、刘绪、黎朝斌、王风竹、方勤、孟华平、胡美洲、陈振裕等多位专家到现场指导，经过文物专家十余次的现场研讨、调整，泥塑模型基本达到了预期效果。

制作厂家——北京宝贵石艺科技有限公司对泥塑模型进行 3D 扫描，采用装饰混凝土按照要求实施立体打印。施工单位先对 1、2 号宫殿基址的台面铺筑改性混凝土，再安装 1 号宫殿基址的装饰混凝土墙体。与此同时，泥塑艺人胡作林在现场手工雕塑 1 号宫殿基址的仿木柱，包括墙柱、檐柱、廊柱，共约 80 根，每根仿木柱的大小、高低、形状、纹理都不一样。

2 号宫殿基址的原有木柱设计全部取消，根据考古报告数据信息模拟展示考古现场信息，柱础石的部位放置当地黄色石块，低于基址地面 3 厘米，柱坑中残存木柱痕迹的部位用灰、黄两种颜色表示，柱坑中没有发现木柱痕迹的部位用黄色表示，2 号宫殿基址西侧模拟出陶质排水管道，管道南北两侧做隐形排水沟。

在 1 号宫殿基址东北角依据考古资料显示探方的规格、朝向布置模拟放线，复原出 13 个 1974 年的考古探方。探方隔梁浇筑塑性混凝土，探方壁表面做出具有真实感的考古文化层。隔梁高度与附近自然地面齐平，流入探方的雨水，能通过暗管向外排泄。

为了保证工程质量，在宫殿基址模拟复原展示第二次工程施工的过程中，我们聘请的专家组一直亲临现场，指导解决基址台面的坡度、排水管道的仿制、柱洞柱础的位置（图一一三）、仿木柱的制作工艺（图一一四）以及考古探方的具体表现形式等诸多问题。

在保护遗址安全的前提下，原址之上等比例展示的宫殿虽为残墙断壁，但仍带有大量的考古信息，建筑的形制规模与制作工艺俱在，最大程度地展示出遗址的价值内涵（图一一五）。视觉上摆脱了原来的古板印象，显得较为生动自然，更符合考古与历史的真实性，沉浸感极强（图一一六）。它与遗址博物馆内基本陈列展示的宫殿复原模型结合，互为补充，提供了更多的有用信息。这种新型建筑材料至今已经历了七八年岁月的冲刷，仍能基本保持原样，大大节约了工程维护所需的人力、物力成本。

图一一三　专家组指导 2 号宫殿基址模拟复原展示

图一一四　专家组指导仿木柱制作

图一一五　1 号宫殿基址模拟复原展示

图一一六　航拍宫殿基址模拟复原展示工程

2017 年 2 月 28 日，国家文物局领导专程考察并指导盘龙城考古遗址公园建设工作。在参观遗址保护展示现场后，国家文物局领导认为，南方土遗址的保护展示一直是个难题，盘龙城遗址的保护展示工程为南方土遗址的保护展示探出了一条新路，应向全国各地的大遗址保护工作者推介盘龙城遗址，寻找出适合各自所在遗址的保护工作新思路。同时还提出，针对宫殿基址模拟展示，可以借助透明装置适当提升示意展示效果。

2021 年，我们在导视系统改造提升时，根据考古照片和研究成果制作了 1 号宫殿基址复原展示玻璃透视牌和考古探方发掘场景展示玻璃透视牌，分别安装在城墙东北角和 2 号宫殿基址东南角（图一一七、图一一八）。观众可以站在玻璃透视

图一一七　1 号宫殿基址复原展示玻璃透视牌

图一一八　考古探方发掘场景展示玻璃透视牌

牌前调整观察角度，利用视觉透视对位原理，将宫殿基址与复原建筑重合或将考古探方与发掘场景重合。通过这种复原重现的互动装置，可以让观众在视觉上体验到“古今穿越”，进一步增强对商代建筑场景和考古发掘现场的感知，在一定程度上弥补了遗址原貌缺失的遗憾。

宫殿基址的改性土模拟展示手段让文物保护展示工程带有更多艺术性的实践，为我国大遗址特别是南方土遗址的保护展示提供了新思路，引得业内纷纷前来观摩并进行借鉴参考。目前，盘龙城遗址保护展示的相关技术理念已在良渚、二里头、屈家岭、禹会村、走马岭等多处大型土遗址保护展示工程中得到了很好的推广和实践，为推动考古遗址保护利用事业的高质量发展贡献了盘龙城智慧。

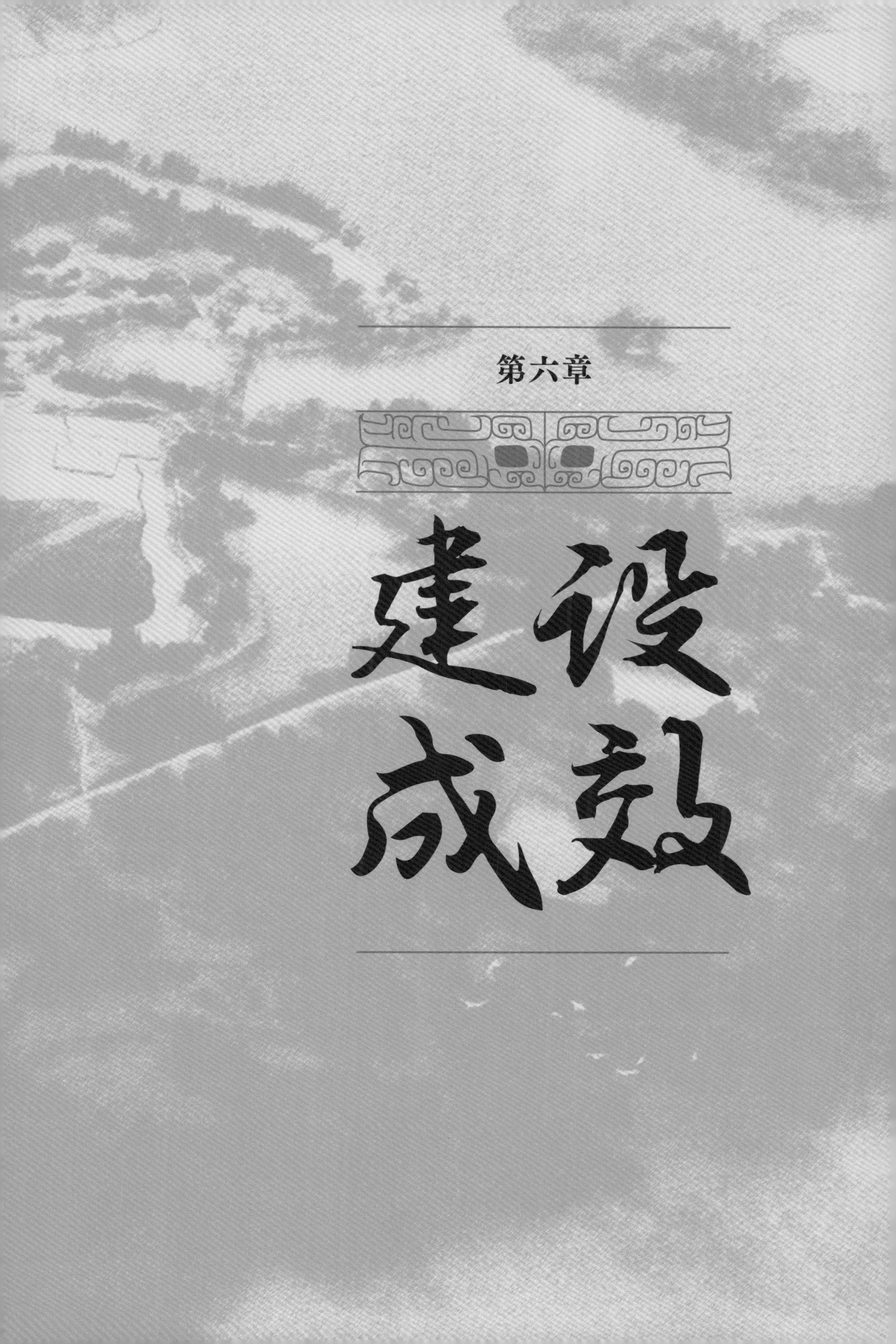

第六章

建设成就

第一节 考古研究

2018 年，国家文物局编制的《大遗址考古工作要求》强调“大遗址考古是遗址保护工作的基础。考古工作应贯穿遗址保护规划、保护和展示工程、考古遗址公园建设和管理的始终”，坚持“考古先行、全程参与、科研为主、保护第一”的大遗址考古工作原则，进一步要求古城址的考古工作应该明确“城址与自然环境（地形、地貌、水系等）的关系；城墙围合状况、城门设置、路网与水系格局等及其自身形制；主要遗存如大型建筑基址群、作坊、墓地等主体功能区的空间分布状况，以及各主体功能区内部的空间布局、形制和性质。并应逐步梳理出不同时间和空间尺度下，遗址形态、布局和性质等的变迁状况”。

21 世纪初，盘龙城遗址从湖北省移交给武汉市管理之后，管理机构的工作职能进一步加强，从原来的单纯遗址保护逐渐转向遗址保护和展示利用。特别是《盘龙城遗址保护总体规划（2007—2025 年）》和盘龙城遗址本体保护展示工程、环境整治工程的实施，对考古工作提出了更高的要求，需要解决盘龙城遗址地理景观、聚落范围、功能布局、文化性质、发展变迁等方面的诸多问题。

2006 年，武汉市盘龙城遗址博物馆筹建处着手订立《盘龙城遗址考古工作计划》。2011 年，武汉市文物考古研究所编制《盘龙城考古遗址公园考古工作计划》。2013 年，由湖北省文物局组织，安排以武汉大学历史学院、湖北省文物考古研究所、武汉市文物考古研究所、武汉市盘龙城遗址博物馆筹建处组成考古队负责盘龙城的考古工作。作为盘龙城考古工作队负责人，武汉大学历史学院张昌平教授在原有工作基础上，先后制定了《盘龙城遗址考古工作计划（2014—2020 年）》和《盘龙城遗址 2020—2025 年考古工作计划》，以 2014 年为起点，分为近期和中长期两个大的工作时段，其中近期考古工作计划为 2014～2017 年，此间的考古工作以配合盘龙城遗址本体保护展示工程、环境整治工程和遗址博物馆建设为中心，主要学术目标是探索盘龙城聚落分布与布局，研究盘龙城聚落与遗址环境及其变迁。

武汉大学历史学院与北京大学考古文博学院、中国社会科学院考古研究所科技考古中心等高校或科研机构合作，开展多学科研究，加强考古新方法应用。首次对盘龙城遗址的地貌形态和土壤类别进行科学调查和研究，深入研究遗址分布形态及其与自然环境之间的内在联系。建立永久性的盘龙城遗址三维坐标系统（图一一九），覆盖整个 3.94 万平方公里遗址保护范围，完成布设两级控制网和控制网联测工作，借助 RTK、全站仪等数字化测量仪器，对盘龙城遗址各地点各年度考古发掘区域进行了实地踏查和高精度测量，基本实现了历年考古发掘区域和各类重要遗迹准确地标绘于大比例尺地图之上。利用地理信息系统（GIS），建成田野考古钻探数字化与记录管理平台（图一二〇），全面精确记录遗存的三维信息，实现对遗址勘探区域统一规划管理，将 RTK 测量探孔坐标形成分布图，对探

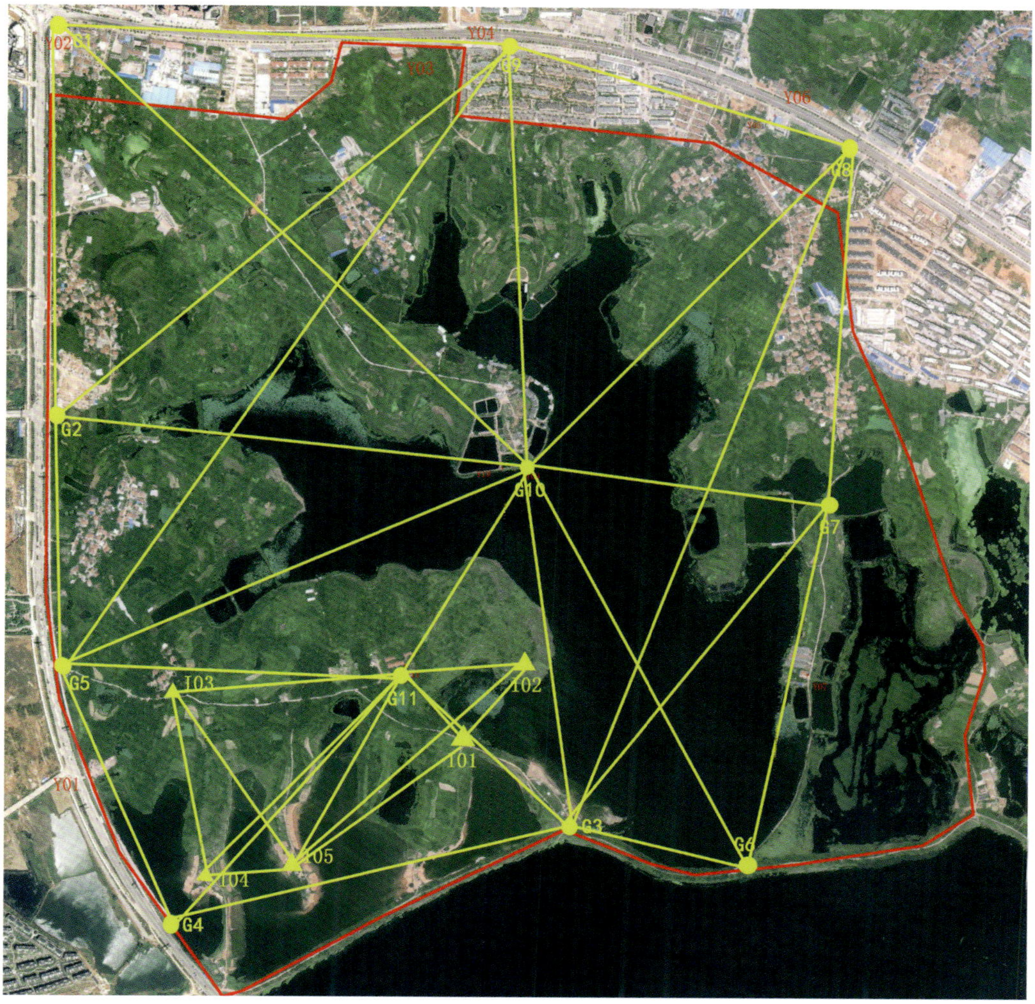

图一一九　盘龙城遗址三维测绘控制网

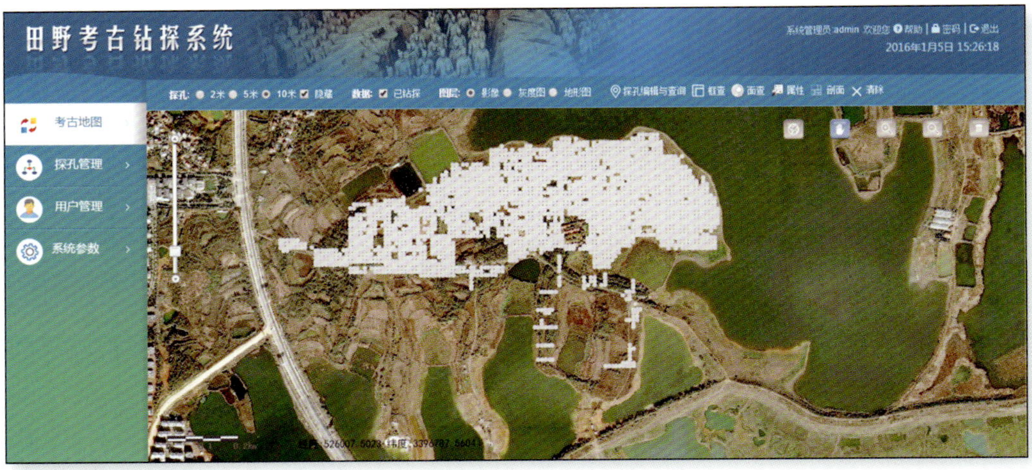

图一二〇　盘龙城遗址田野考古钻探系统界面

孔数据进行数字化管理和集中呈现，为管理和研究盘龙城遗址钻探资料提供了技术支持。搭建盘龙城考古工地数字管理平台，将田野考古成果进行归纳汇总，便于查找整理。

配合盘龙城遗址保护展示工程等遗址公园建设，对工程建设项目涉及区域进行科学系统大面积勘探，即配合城址保护展示、李家嘴墓地保护展示、参观道路、房屋及其他基础设施建设所需的考古勘探（图一二一）。考古勘探采取普探结合重点勘探的方法，既有 10 米间距夹梅花点的普通勘探，累计完成面积为 265 万平方米，也有在此基础上对发现遗迹现象的局部重点区域进行 5 米间距夹梅花点的重点勘探，累计完成面积为 28.6 万平方米。系统性的考古勘探工作表明，盘龙城遗址核心保护区内各岗地之间商文化时期遗存呈现出了接续成片的分布态势，而遗址外围地带的遗存分布则较为稀疏，各遗址点之间存在明显的空白地带。通过勘探基本摸清了盘龙城各地点的遗存分布范围，发现和定位了一些重要遗迹，例如进一步探明盘龙城城墙、宫殿建筑基址、壕沟及李家嘴墓地的位置、规模和保存状况，大致了解盘龙城城门平面布局，并发现了城市的排水系统——石砌排水沟，在李家嘴墓地新发现了一座中型贵族墓葬等等。为了探明外城墙是否存在而发现杨家湾北坡的大面积石头铺垒遗存，表明当时存在较大规模的土地改造活动。除了考古勘探之外，还开展抢救性发掘。为配合盘龙城遗址本体保护展示工程和环境整治工程建设，盘龙城考古工作队在杨家嘴岗地南部湖边抢救性清理发掘杨家嘴 26 号墓商代贵族墓葬，在西城墙外 200 米处的小嘴岗地东坡发掘铸铜冶炼遗存，还在王家嘴东北角靠近南城壕边缘清理发掘王家嘴 3 号墓商代贵族墓葬。

为了较准确了解盘龙城一带夏商时期地理景观和水位变化，盘龙城考古工作队对盘龙湖开展“水下考古”工作。利用测量船搭载 RTK 定位系统与单波束测深仪对盘龙湖的湖盆地形进行测绘工作（图一二二）。测绘数据显示，盘龙湖湖盆底部较为平坦，湖底最低点高程为海拔 16.4 米，湖盆大部分区域高程在海拔 17.2～19.5 米。搭建水上勘探平台，对盘龙湖底部进行勘探采样，通过勘探并结合湖滩地带的文化遗存可知，海拔 17.5 米可能就是盘龙城遗址夏商时期堆积的最低高程。利用水位下降时机，在西城墙至小嘴之间的湖汊布设探沟进行试掘，发现在淤泥 1.4 米以下出现商时期文化堆积，堆积厚度达 0.6 米，商代文化堆积最低处高程为海拔 18 米。

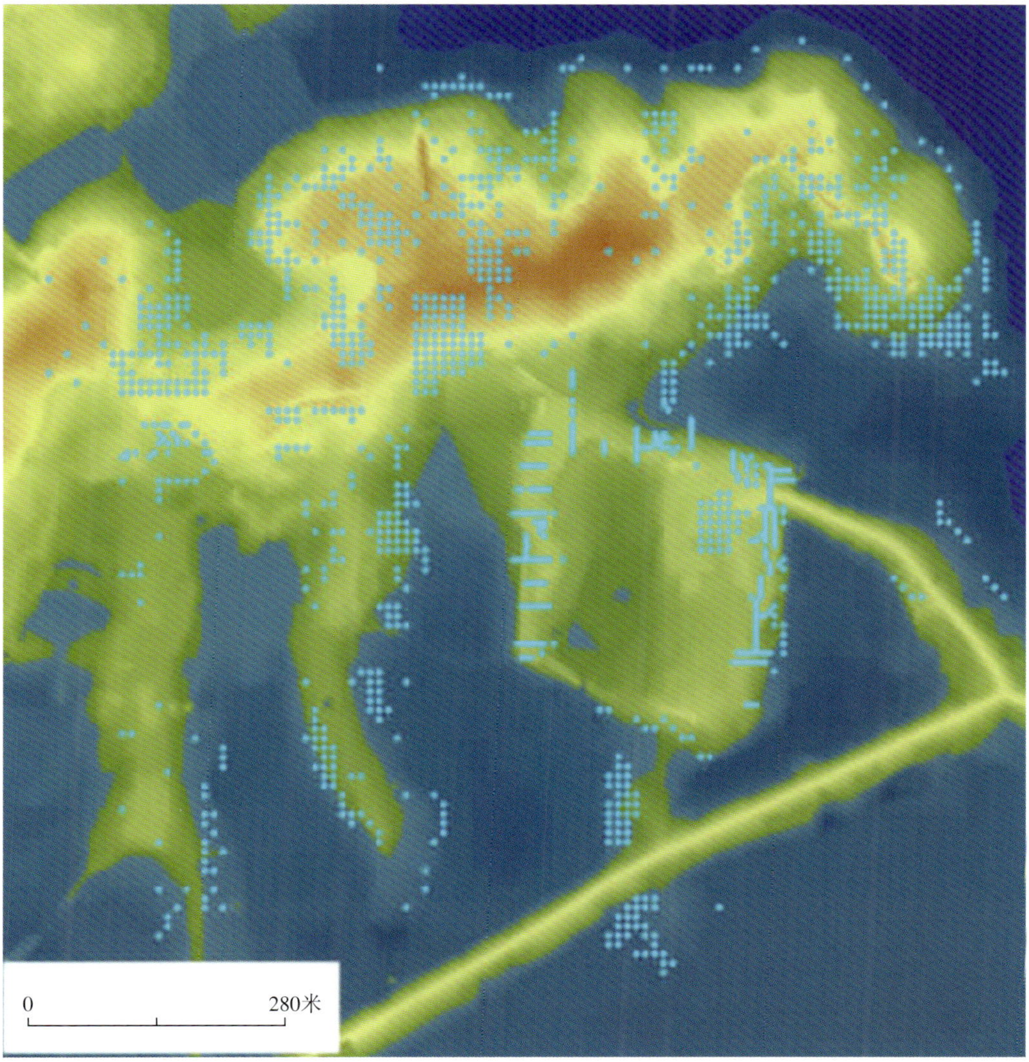

图一二一　盘龙城遗址探孔分布图

图一二二　科研人员搭船测绘盘龙湖

综合表明盘龙城夏商文化堆积最低高程在海拔 17.5 米左右，当代盘龙湖一带水位较夏商时期高出 5 米左右。如今丰水期水位海拔 22.6 米时，盘龙城遗址总面积中约 50％被湖水所占据，而夏商时期的丰水期水位为海拔 17.5 米，盘龙城聚落总面积中仅 15％为水域，剩下的陆地面积约为 3.24 平方千米，靠近湖边地势低洼的地带可能存在农业生产活动。结合发掘出来的实物，复原出了盘龙城区域不同时期地理景观，也对盘龙城遗址 3000 多年间沧海桑田的变化有了具体认知。

通过重新梳理历年来的发掘资料，并结合近年的考古工作，盘龙城考古研究团队深化盘龙城聚落布局认识，将盘龙城聚落分为三个发展阶段。第一阶段是盘龙城作为城市的形成时期，聚落核心区位于遗址南部的王家嘴及其邻近区域；第二阶段是盘龙城作为城市的繁盛时期，聚落中心营建城墙、宫殿，并在李家嘴形成大型贵族墓地；第三阶段是盘龙城作为城市的持续发展时期，城市的核心区北移到杨家湾岗地南坡。

图一二三　2019・盘龙城与长江文明国际学术研讨会

盘龙城考古工作队组织整理考古调查、勘探、发掘资料，做好研究成果转化的及时性、准确性和科学性。2013 年到 2020 年期间，考古团队和管理机构发表盘龙城考古发掘简报 18 篇、论文 20 篇，召开商代盘龙城学术研讨会、2014・盘龙城与长江文明国际学术研讨会、考古资产保护利用盘龙城论坛、2019・盘龙城与长江文明国际学术研讨会等国内或国际学术研讨会（图一二三），并在《中国文物报》《长江日报》《江汉考古》等报刊上连续发表盘龙城专刊，出版《商代盘龙城学术研讨会论文集》《商代盘龙城——武汉城市之根的考古历程》《南土遗珍——盘龙城遗址文物集萃》《盘龙城与长江文明国际学术研讨会》等书籍，宣传盘龙城遗址考古工作与保护利用的新进展，深入推进盘龙城遗址考古研究，助力盘龙城遗址本体保护展示工程及国家考古遗址公园建设。

第二节 遗址保护

遗址保护不仅包括遗址本体，也涵盖遗址的历史环境和自然环境。《盘龙城遗址保护总体规划（2007—2025 年）》根据文物保护要求划分为文物保护范围、建设控制地带和环境控制区 3 个层次，将盘龙城遗址本体和周围环境纳入保护起来。在盘龙城国家考古遗址公园建设工程实施过程中，采取多种措施全面加强遗址保护，包括遗址保护范围内村庄搬迁与安置、土地征收或流转、清理遗迹本体之上的杂树杂草、适当覆土保护宫城城墙、考古发掘区回填保护等，遗址分布范围内的遗址点全部得到妥善保护，并有效改善了遗址保存环境（图一二四）。遗址安全监控范围全覆盖，文物保护法律法规得到普及，正在推进开展《武汉市盘龙城遗址保护条例》立法工作，整体取得了遗址保护的良好成效。

《盘龙城国家考古遗址公园规划》在总结土地利用现状时，列出遗址公园区划范围存在村镇用地、农业林业用地、水域、文物保护用地、府河湿地用地及其他非建设用地，其中包含遗址水下部分的水域和府河湿地用地占比达到 56.76%，文物保护用地占比 2.46%。文物保护用地是近期通过征购方式，将内城及重要遗迹点范围内 12 公顷的土地使用性质调整为文物古迹用地，并办理土地证。盘龙城国家考古遗址公园已纳入武汉市城市总体规划，整个遗址公园范围在武汉市规划“一张图”上用紫线划定管理，政府强化对盘龙城遗址的保护和合理利用。《武汉市国土空间总体规划（2021—2035 年）》提出“活化利用自然和历史文化遗产，建设长江文明之心、盘龙城、黄陂木兰等一批具有文化底蕴的世界级旅游目的地”。

目前，盘龙城国家考古遗址公园根据遗存的保存状况，分别实施了三种遗址保护方式，即生态植被保护、覆土加固保护、建棚覆盖保护。

盘龙城遗址大部分遗迹处于地下，但由于水土流失和农耕、养殖等自然、人为因素影响，相当一部分遗迹暴露于地表，特别是靠近湖边的遗迹由于常年被湖水冲刷而遭到严重破坏。环境整治工程的一项重要内容就是迁移遗址核心保护区内的居民，在遗址保护区边缘设置防护栏，最大程度上来杜绝人为生产破坏活动，并清理

图一二四　宫殿区展示现场

遗址区内的建筑垃圾、生活垃圾以及杂树杂草，通过排灌站控制湖水水位，减少湖水对遗迹的季节性冲刷。根据地形地势设置生态植草沟引导雨水排放，在最小人工干预的原则下恢复盘龙城遗址区内的生态环境，以自然植被保持水土，达到保护遗迹的目的。

盘龙城遗址以往的考古发掘项目已将大部分发掘出来的遗迹比如建筑、墓葬、灰沟、灰坑等覆土回填保护。本体保护工程启动实施后，针对盘龙城遗址上的重点遗迹，比如城墙、壕沟、宫殿建筑基址、李家嘴墓地等存在的风化、冲沟、积水浸泡、垮塌等病害采取清理地表植被再回填夯土覆盖加固的方式进行保护。这种保护方式具有最小干预性、可逆性和可识别性，特别适用于像武汉地区这种潮湿多雨气候环境下的土遗址保护。盘龙城遗址南临府河，东靠盘龙湖，府河是武汉市城区以北主要的行洪排涝通道，历年来的洪水都对盘龙城遗址造成了一定程度上的影响和破坏。后来，当地政府修筑府河北岸防洪堤坝，基本上杜绝了府河洪水侵袭盘龙城遗址的情况，但是也在城址东、西、南、北四个方向形成了较大面积的封闭性湖泊和池塘。每年雨季降雨产生的冲刷、水位上涨和内涝对城址造成了不利影响。

图一二五　丰水期盘龙城遗址保护展示工程现状

因此，对处于湖边的盘龙城城址和李家嘴墓地进行覆土加固保护成为了最佳选择（图一二五）。

盘龙城作为国家重点文物保护单位和国家考古遗址公园，不应该再进行大规模的考古发掘工作。考古工作应坚持最小干预原则，在小范围工作的情况下，既能够解决学术问题，同时又具有遗址展示价值。为探索盘龙城遗址杨家湾岗地的大规模人工改造活动，盘龙城考古工作队根据勘探和试掘线索，在考古工作站西北侧约50米的岗地上开展考古发掘，发现了石头带堆积、房址、墓葬、灰坑等丰富的商代人类活动遗迹。此处考古工作持续进行，可以作为考古现场对观众展示，便于普及考古知识和宣扬盘龙城青铜文化。《盘龙城国家考古遗址公园规划》对考古现场展示提出了明确要求，“适用于体量较小，保存状况好，展示性强的地下遗址，可覆罩保护”。因此，在实施环境整治工程时，搭建了简易轻便的杨家湾考古现场保护展示大棚，这样既可以保护现场遗迹文物，改善遗迹文物的保存环境；又可以面向公众现场普及考古科研知识，让公众直观地了解考古，深入认识盘龙城遗址。

盘龙城遗址所在区域的古今地理环境发生了较大变化。在夏商时期，盘龙城处于大型内陆湖沼区的边缘。如今，为防洪而建的府河北岸堤坝使得盘龙城遗址形成了高水位河、湖环绕的地貌形态。除了原生地貌受到一定程度扰动外，盘龙城遗址本体的地形地貌得到了基本保持。环境整治工程以保持盘龙城遗址的历史和自然环境为目标，修复部分破坏严重的地形，如填平部分占压严重的鱼塘、沟渠等，选种乡土植物，按照自然形态进行绿化，与盘龙城遗址整体自然环境相协调，杜绝种植深根性植物，避免过度人工美化的倾向。城址及其附近的遗址景观，以浅根系狗牙根草坪为主，适当保留原生树木和水生植物。主干道两侧的景观打造也以维持现状为主，仅对道路两侧 5～15 米范围内配置绿化草木（图一二六）。原生地形和植被受到的人工影响较小，自然环境的原始性保护了生态稳定性和动植物种类的多样性，稳定的自然环境也巩固了遗址保护成效。大小不一的湖泊、池塘等水体和连绵的坡地、低矮的花田一起，形成生动多变的遗址地面景观，自然野生的环境氛围体现了盘龙城国家考古遗址公园的特色魅力。

当地政府落实《盘龙城遗址保护总体规划（2007—2025 年）》和《盘龙城国家考古遗址公园规划》的有关规定，对建设控制地带和环境控制区内的建设严格把关，控制建筑高度，协调建筑色彩，使得遗址周边保持了较为完整的历史环境风貌，盘龙城遗址与甲宝山、横山、府河等山体河流形成了较为通透的视觉走廊

图一二六　主干道两侧的绿化生态

图一二七　盘龙城遗址及周边的环境风貌

（图一二七）。盘龙城国家考古遗址公园处于武汉主城区与远城区的交界处，是府河生态绿楔的重要组成部分，遗址公园良好的生态环境为武汉市优化城市生态空间格局贡献了力量。

第三节　管理运营

《盘龙城国家考古遗址公园规划》对遗址公园的管理运营进行初步规划，“因盘龙城国家考古遗址公园面积较大，遗址核心保护区、博物馆区域由市文化和旅游局负责管理，不应有未经批准的经营和建设项目。公园的北边和东边由黄陂区来主导建设和管理，黄陂区将成立一个盘龙城遗址公园管理公司，负责遗址公园的园区管理、运营、维护。盘龙城国家考古遗址公园管理，应遵循尊重历史、结合实际，利于保护、便于操作，明确职责、合作共赢，打造品牌、彰显魅力的原则，认真研究，积极探索。管理模式报市政府审批后实施”。

武汉市人民政府〔2016〕49号《关于做好盘龙城国家考古遗址公园等项目建设和日常管理工作的纪要》明确：遗址公园1.39平方千米核心保护区及筹建的盘龙城遗址博物馆由武汉市文化局负责管理，其管理机构名称暂定为盘龙城遗址博物院，并要求武汉市文化局会同武汉市编办、武汉市财政局、黄陂区人民政府抓紧研究盘龙城国家考古遗址公园管理体制和后期管理运营问题。2016年8月19日，武汉市机构编制委员会正式批复将武汉市盘龙城遗址博物馆筹建处更名为盘龙城遗址博物院，列为公益一类全额拨款事业单位，设5个内设机构，核定事业编制25名，主要职责和业务范围是承担盘龙城遗址的考古发掘及文物保护工作，开展大遗址的调查研究、展览陈列、社会教育等工作。

目前，我院主体负责盘龙城国家考古遗址公园（一期）的日常管理工作，在考古遗址公园的创建和运营过程中，发挥着重要作用，成为各级政府部门之间的沟通桥梁、联合考古的后勤保障、品牌传播的重要媒介、公园创建的主导力量、运营管理的实施主体。随着盘龙城国家考古遗址公园的创建、本体保护及环境整治等工程项目的落地实施，遗址公园总体管理水平得到了有效提升。在2019—2020年度国家考古遗址公园运营管理评比中，盘龙城国家考古遗址公园获得公益惠民奖第一名、科技创新奖第三名（图一二八）。我院围绕盘龙城国家考古遗址公园（一期）管理运营开展了三个方面的重点工作。

图一二八　2019—2020年度公益惠民、科技创新奖项

首先，建立遗址公园公共安全制度，制定各项应急预案，加强遗址宣传及人员的培训，强化内部管理与控制，规范行政与业务工作，提高遗址公园运行管理水平。组建成立安全工作领导小组，由主要领导担任组长，分管领导担任副组长，各部门负责人担任组员，组织管

理全单位的安全工作，明确分工安排，认真落实安全岗位责任制。加强文物安全保卫队伍建设，开展安保实操演练和军训，提高安全保卫人员的政治、业务素质，实行 24 小时值班制度和节假日、周末领导干部带班制度，开展文物安全大排查，对遗址博物馆、考古工作站、遗址核心保护区、考古工地等重点部位进行不定期巡查，及时整改安全隐患。发放宣传手册，并利用横幅、标牌、滚动显示屏宣传安全知识，组织讲座培训等开展安全生产、消防安全、国家安全等教育工作（图一二九）。设立微型消防站，配备微型消防车和消防巡逻车，成立义务消防队，提高消防应急处置能力。实施遗址公园安防、消防、防雷等安全防护工程，增加视频监控系统、防入侵报警系统，改善安全设施，实现遗址博物馆区域和遗址核心保护区安防监控与红外线警报系统基本全覆盖。

其次，加强人才队伍建设，形成研究型博物馆发展思路，充分利用全院考古专业力量优势，及时将最新学术成果转换为展览陈列和遗址展示。近年来，我院通过武汉市选聘生专项选聘工作，招录了一批全国优秀高校的考古专业毕业生，培养了一支有能力有活力的考古研究、文物保护、展览策划专业人才队伍。在全新的人才管理机制下实行项目责任制，充分发挥年轻人敢闯敢干的优势，锻炼出“一专多能”的盘龙城人。组织单位职工参加各类业务培训、学习交流活动，学术活动广泛，学术成果丰硕，涉及博物馆运行管理、陈列策展、宣传教育、文物考古、遗址保护等诸多方面，以科研成果带动博物馆高质量发展。例如，坚持独立策展、办展的理念，对基本陈列在策展理念、展览内容和陈列形式上进行创新，开展 20 多个专项研究，

图一二九　消防安全教育培训

图一三〇　2019 年度全国博物馆十大陈列展览精品奖

以考古研究为支撑，结合专业与观众视角，通过可视化手段，多维度解读盘龙城遗址的发现经历、发掘成果、人地变迁等内容。2020 年，“江汉泱泱　商邑煌煌——盘龙城遗址陈列”获得全国博物馆十大陈列展览精品推介精品奖（图一三〇），是遗址类博物馆展览的一次重大突破。近几年，我院先后策划了临时展览“长江万里青——长江流域青铜器精品展”“色如天相　器传千秋——中国古代绿松石文化展”“探索未知　记忆荆楚——湖北省 2022 年度考古工作成果展”，均为全国同类展览中的首创。

再次，运用数字技术、物联网、大数据、云计算和移动通讯等各类现代化的科学技术手段，开展智慧化博物馆平台项目建设，为实现盘龙城国家考古遗址公园的智慧服务和智慧管理打下基础。目前，已运行考古、办公、票务、客流、展览展示、社会教育、藏品管理和数据存储等方面的数字化项目，包括遗址三维坐标系统、田野考古钻探系统、考古工地数字化管理平台、游客网络预约系统、智能语音多国语言导览系统、志愿者管理系统、OA 办公系统、展览全息投影、VR 互动、遗址公园和遗址博物馆 WIFI 全覆盖，官方网站和微信公众号上线遗址公园展示、3D 和平面精品文物典藏、数字展厅等数字化内容（图一三一），全景展示遗址博物馆展厅、遗址公园和出土精品文物。盘龙城智慧化博物馆平台，极大提高了博物馆工作质量，也丰富了遗址园区参观的互动体验感。我院将科技创新落在实处，打造全场景智慧文旅，为文化旅游发展装上新引擎；着力开拓博物馆发展空间，以科技手段“复活”古老文明，提升“云服务”水平。

图一三一　盘龙城遗址博物院网站的导航地图

第四节　展示利用

盘龙城国家考古遗址公园中的展示主要分为两个部分：一个是在遗址博物馆中进行出土文物展示，另一个是在遗址核心保护区进行重要遗迹展示。

遗址博物馆推出“江汉泱泱　商邑煌煌——盘龙城遗址陈列”（图一三二），展出藏品近 700 件（套）。展览分为浪淘千古、故邑风物、角立南土三个部分，以考古发掘为基础，考古研究为支撑，结合专业与观众视角，通过可视化手段，多维度解读盘龙城的前世今生，向观众展示了盘龙城的发现历程、文化面貌和人地变迁，全面复原古代盘龙城的社会生活，诠释盘龙城遗址的地位和价值。展览以现代化创新性展示手段，让观众沉浸式参观，拉近了观众与文物考古的距离，是遗址类博物馆展览的一次创新与突破。

遗址核心保护区的重要遗迹展示有覆土保护展示、基址模拟展示、鹅卵石标识展示、植物标识展示、遗迹揭露展示等多种展示手段。武汉地区常年潮湿多雨，遗址本体不宜裸露展示。根据展示本体的不同特征采取有针对的展示形式，如对城墙表面覆盖夯土并植绿草展示墙体的宽度和走向，对宫殿区采用原址填土再在其上模拟复原台基、墙体、柱础、排水管等建筑结构，对北城壕采用鹅卵石标识展示壕沟的范围和走向，对李家嘴墓地采取低矮灌木标识展示墓葬位置和墓圹范围，对杨家湾岗地的石头堆积采取考古揭露并加盖保护大棚的方法直接展示。在坚持最少人工干预、尽可能保持遗址原貌的原则下，做到遗址本体展示手段的多样化，这既有效地保护了盘龙城遗址的本体和自然环境，又达到了展示效果直观、展示信息丰富的作用，突出了盘龙城遗址作为武汉城市之根的历史文化底蕴（图一三三）。

为配合遗址本体的展示，统筹遗址导览标识系统和游览线路的研究规划。导览标识系统融入盘龙城青铜文化元素，特别是放置了多处商代剪影人物的景观小品，以人为本，通俗易懂，与遗址环境相协调，既提升了公众参观遗址公园的便利性，

图一三二 江汉泱泱 商邑煌煌——盘龙城遗址陈列

武汉首批具有历史价值的公园

黄鹤楼公园	1800年历史的诗词名楼
龟山公园	始于“大禹治水”传说的城市起源地
码头潭文化遗址公园	“屈家岭”文化至商周古文化遗址
盘龙城国家考古遗址公园	商代前期城址，长江流域青铜文明中心
古琴台景区	“高山流水”知音故事传承地
双凤公园	北宋理学创始人程颐、程颢纪念公园
洪山公园	园内无影塔始建于南朝梁元帝承胜年间
汉阳公园	园内石榴花塔始建于宋代
明楚王墓文化遗址公园	现存明代亲王墓中，保存最完整的墓群
楚望台遗址公园	可追溯至明清的军械库遗址
沙湖公园	明代楚藩王朱帧游历，清末雅士任桐修园
熊廷弼公园	纪念明代兵部尚书熊廷弼的公园
解放公园	前身为老汉口“六国洋商跑马场”
首义广场	辛亥革命国家级纪念重地
首义公园	辛亥革命武昌首义主题纪念性园林
紫阳公园	辛亥革命武昌起义策源地
中山公园	全国百家历史名园之一，园内受降堂见证抗战胜利
洪山广场	董必武纪念公园
武汉江滩	国家水利风景区高质量发展十大标杆景区
青山公园	前身为武昌园艺社
东湖听涛景区	最早为中国现代著名银行家周苍柏所修“海光农圃”
武汉市青少年宫	新中国第一批成立的青少年宫之一

图一三三　武汉市首批具有历史价值的公园名单

又能使观众能够在大的空间尺度上认识遗址的文化价值。采用主、副两条展示游线，分别为电瓶车主干道和人行环线步道，以线串点、以点带面的形式引导观众欣赏城址聚落景观、先民生产生活场景、考古发掘现场和湿地田野风光。

盘龙城国家考古遗址公园挂牌开放后，我院坚持整体规划、资源优化、突出特色的原则，立足考古遗址公园特色，深化博物馆教育职能，完善公共文化服务体系，满足群众文化需求。紧抓“公共考古”和“盘龙城文化”两大主题，依托上千平方米的互动体验区开发多样化的社教活动，目前已打造成为武汉市知名研学品牌。联手武汉歌舞剧院打造原创环境舞蹈剧场《城之根》，探索文化和旅游融合新途径（图一三四）。接纳不同层次的在校学生开展社会实践，打造科研实习基地，专门为未成年观众精心设计少年儿童版卡通导览手册，为特殊观众群体提供无障碍参观通道、无障碍洗手间、母婴室等专用服务设施。建立志愿者管理专委会，在园区游览、观众调查、临展参观等领域为游客提供更专业、更贴心的志愿服务。

利用线上、线下平台，开拓宣传渠道、创新宣传方式，举办形式多样的交流和体验活动，将盘龙城国家考古遗址公园逐渐打造成为人民群众关注热爱的打卡地。

推出“盘龙城论坛”，定期邀请考古文博专家为观众带来最前沿、最权威的研究成果，受到文博爱好者的广泛关注和参与。盘活馆藏文物资源，开发系列文创产品，打造盘龙城青铜文化 IP（图一三五）。面向不同受众，注册多种自媒体平台，各渠道线上的考古科普栏目广受好评。与省内外主流媒体保持良好互动合作关系，对盘龙城遗址进行长期跟踪式宣传报道，在中央电视台播放《商王盘龙城考古记》《修复嵌金绿松石兽面》《探秘盘龙城》等系列纪录片，持续扩大盘龙城国家考古遗址公园的文化传播能力及社会影响力。

图一三四　原创环境舞蹈《城之根》

图一三五　盘龙城吉祥物温馨提示标语

第七章

经验启示

2013 年下半年，盘龙城遗址核心保护区本体保护工程启动建设，同年底，盘龙城考古遗址公园被列为第二批国家考古遗址公园立项名单。2017 年上半年，盘龙城考古遗址公园对外开放试运行，同年底，入选第三批国家考古遗址公园（图一三六）。盘龙城国家考古遗址公园从立项到挂牌只用了 4 年时间，已建成一座集遗址保护、考古研究、文化展示、旅游休闲、教育科研于一体的城郊型考古遗址公园，在全国考古遗址公园保护与建设中首屈一指，得到国家文物局、专家学者及同行的高度认可，被认为“是全国大遗址保护展示中的优秀典范，在全国起到了积极的示范作用”。这些离不开盘龙城遗址保护建设团队的辛勤付出和努力探索，在遗址公园建设中坚持规划先行、保护第一、考古支撑、活化利用的建设原则，走出一条政府主导、国企代建、专家指导、各方协同的大遗址保护建设模式，在大型土遗址保护与展示手段上取得创新与突破，并得到推广和实践，为大遗址本体保护、展示、利用提供了思路，为推动国家考古遗址公园高质量发展贡献了智慧和力量。

图一三六　盘龙城国家考古遗址公园证书牌

第一节　坚持四项建设原则

我国新时代的文物工作方针是坚持“保护第一、加强管理、挖掘价值、有效利用、让文物活起来”，始终坚持把保护文物放在第一位，加强管理是实现文物工作的重要保证，通过挖掘文物的多方面价值和文化内涵，有效推动文物利用创造性转化创新性发展，最终充分发挥文物作用，让文物活起来。2018 年，国家文物局编制的《大遗址考古工作要求》强调大遗址考古是遗址保护工作的基础，坚持“考古先行、全程参与、科研为主、保护第一”的大遗址考古工作原则。2020 年，国家文物局颁布的《大遗址利用导则》提出大遗址利用应遵循“坚持保护第一、注重文化导向、服务社会民生、实现可持续发展”的基本原则，确保文物本体及其环境安全，采取多种方式科学阐释文物价值，提升文物保护管理和利用水平，协调文物保护、文化传承与地方经济社会发展、民生改善、环境提升的关系。我们在盘龙城国家考古遗址公园建设实践中遵循大遗址保护展示的相关法律法规和文件规定，总结出符合盘龙城考古遗址公园建设的四项基本原则，即规划先行、保护第一、考古支撑、活化利用。

一、规划先行

《大遗址利用导则》中明确规定，大遗址利用应具备的基础条件之一就是文物保护规划已经公布实施，或文物保护区划和管理规定已公布执行，保护、展示要求和策略明确。因此，文物遗址保护，必须规划先行，特别是作为全国重点文物保护单位的大遗址要求先行编制总体保护规划，才能着手制定具体的保护展示方案。

21 世纪初，作为第三批全国重点文物保护单位的盘龙城遗址周边城市化进程加速，面临着遗址保护和经济发展的矛盾。在国家文物局的指导下，湖北省、武汉市对盘龙城遗址的保护展示利用工作进行顶层设计，做好保护规划体系建设。盘龙城遗址保护不但被连续纳入到国家文物局大遗址保护利用“十一五”至“十四五”专项规划以及武汉市经济和社会发展第十一个至十四个五年规划之中，还被纳入武汉市国土空间规划编制“一张图”，持续强化盘龙城遗址的整体空间保护、系统维护管理以及可持续利用传承。

由国家文物局和湖北省人民政府批复的《盘龙城遗址保护总体规划（2007—2025年）》（图一三七）是盘龙城遗址保护与建设的首个正式法规性、纲领性文件，使遗址核心保护区、一般保护区、建设控制地带的土地得以有效保护，为处理文物保护与经济建设、城市发展、合理利用等方面打下了基础。以总体规划为指引，我们先后编制完成了《盘龙城遗址保护展示工程设计方案》《盘龙城遗址本体保护展示工程深化设计》《盘龙城遗址考古工作计划（2014—2020年）》《盘龙城遗址核心保护区一期环境整治方案》《盘龙城遗址核心保护区一期标识设计方案》

湖北省人民政府关于公布荆州城墙等9处全国重点文物保护单位保护规划的批复

鄂政函〔2009〕100号

省文化厅：

《省文化厅关于申请公布荆州城墙等9处全国重点文物保护单位保护规划的请示》（鄂文化文〔2009〕63号）收悉。现批复如下：

一、荆州城墙、龙港革命旧址、盘龙城遗址、恰亭铭摩崖石刻、湘鄂西革命根据地旧址、擂鼓墩古墓群、明楚王墓群、建始直立人遗址、元佑宫9处全国重点文物保护单位保护规划已经国家

— 32 —

湖北省人民政府公报 2009.12　　省政府文件

文物局核准，并根据有关意见进行了修改完善，现予公布。

二、科学编制文物保护单位保护规划，对于正确处理文物保护与经济建设、文物保护与合理利用的关系，促进文物保护事业的可持续发展具有重要的作用。相关市、州、县人民政府要充分认识保护文物的重要性，认真贯彻“保护为主、抢救第一、合理利用、加强管理”的文物工作方针，严格按照规划要求，切实加强文物保护和管理，促进文物保护与经济社会协调发展。

三、对文物保护单位保护规划中提出的各项文物保护、展示、环境治理、旅游开发及相关基础设施建设等项目，要制订具体方案，严格按照有关规定履行报批手续，积极组织有关部门逐步实施。

四、省文物局要加强对文物保护单位保护工作的监督和指导，协助地方政府做好相关文物和环境保护工作，使文物保护单位及其环境得到有效保护，促进文物保护事业的可持续发展。

湖北省人民政府

二〇〇九年四月二十五日

图一三七　湖北省人民政府关于公布荆州城墙等9处全国重点文物保护单位保护规划的批复

《盘龙城遗址博物馆建筑设计方案》《盘龙城遗址博物馆建筑方案》《盘龙城遗址博物馆选址和体量变更及设计方案》《盘龙城遗址安防工程设计方案》《盘龙城国家考古遗址公园规划》等十余项方案规划，理清了盘龙城遗址保护的工作思路，确定了全面规划、分步分项实施的总体原则，报请国家文物局、省文物局批复后按计划有序实施。

二、保护第一

大遗址的保护利用工作始终把保护放在第一位，坚持遗址完整性、真实性和可持续性保护原则，做到对遗址最小干预，达到文物本体保护与周边环境保护并重。

《盘龙城国家考古遗址公园规划》作为盘龙城遗址公园建设与管理的技术指导性文件，根据上位规划、遗存分布范围以及方便公园管理方面的考虑，将盘龙城国家考古遗址公园范围划定为西至盘龙大道，北至巨龙大道南 200 米的规划道路（与建设控制地带边界基本一致），东至小盘龙湖与长湖之间的规划道路（与建设控制地带边界一致），南至府河北堤南岸河岸区域，涵盖了全部遗址保护区以及部分建设控制地带，最大限度地保证了盘龙城遗址的完整性保护。

在盘龙城国家考古遗址公园建设中坚持最小干预原则，严格按照文物保护规划科学选址，避让文物密集分布区域，充分利用已有基础设施，避免过度整治，控制工程规模、范围、强度、形制、色彩等，根据实际情况因地制宜采取覆土加固或垫土建设，地面建筑采用轻便、可逆、消隐形式，不影响文物本体安全、文物价值和地理景观。以考古资料和研究成果为依据，全面客观地阐释和展示遗址核心价值，坚持原址保护，科学展示，保存原有地形地貌与历史信息，合理利用原有生态环境，利用地形地势自然排水，尽量减少人工痕迹，避免城市园林化倾向，注重遗址、环境风貌的协调，保持城郊公园的野趣和遗址的历史氛围感（图一三八）。

当地政府优化遗址周边的基础设施，有效改善交通、通信、能源等条件，规划配套服务产业，积极鼓励住地居民参与遗址公园及周边的基础建设、安全保卫、清洁环卫、旅店餐饮等行业。最终做到既有利于文物保护，又有利于城市经济发展、文化建设和生态环境改善，让遗址公园可持续发展，同时带动整个区域的产业调整，达到合理利用的目标。

图一三八　盘龙城遗址博物馆航拍图

三、考古支撑

考古工作是国家考古遗址公园的重要组成部分，贯穿遗址保护规划、保护和展示工程、考古遗址公园建设和管理的始终，支撑遗址保护，促进有序利用，服务遗址管理和展示，支持考古遗址公园建设。

盘龙城国家考古遗址公园考古工作的管理单位是湖北省文化和旅游厅和武汉市文化和旅游局，具体考古工作由武汉大学历史学院牵头实施，武汉大学历史学院张昌平教授担任考古领队。武汉大学历史学院、湖北省文物考古研究院、武汉市文物考古研究所、盘龙城遗址博物院等文博考古研究机构抽调专业技术人员组建成立盘龙城考古工作队，负责实施盘龙城遗址的考古计划编制和考古发掘工作。

盘龙城考古工作队编制了盘龙城遗址考古中长期工作计划，采取边发掘、边整理、边研究、边展示的工作方法，综合运用考古调查、测绘、勘探、发掘、抢救性清理等手段，配合盘龙城国家考古遗址公园建设工程统筹规划保护展示和学术研究，进行多学科、多技术的交叉运用，在以往盘龙城遗址测绘资料的基础上，建立永久性的遗址三维坐标测绘系统，收集必要的考古地理信息，建设盘龙城遗址地理信息系统（图一三九），结合国家社科基金重大项目“湖北黄陂盘龙城遗址考古发现与综合研究”课题研究，加深对遗址分布范围、文化面貌、年代分期、地理景观、聚落布局、文化性质等学术问题的研究与认识，利用学术会议、报纸、期刊、图书等

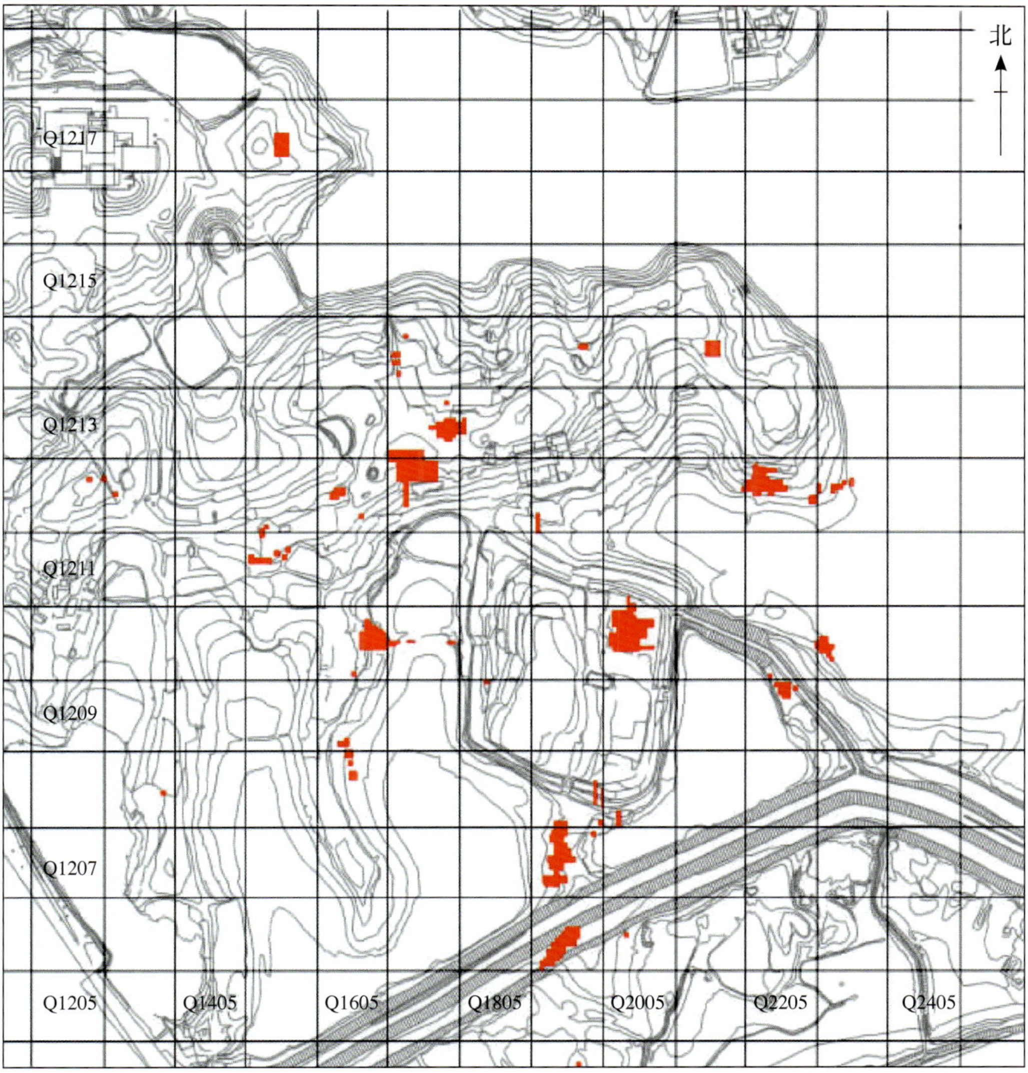

图一三九　盘龙城遗址分区与历年考古发掘区域示意图

途径发布考古发掘报告、简报和研究论文，及时将考古成果进行转化利用，考古发掘研究和遗址保护展示紧密结合，为遗址公园保护建设提供基础性的资料和充分的科学依据。

四、活化利用

在考古遗址公园建设中，保护是基础，利用是关键。深入挖掘和广泛传播遗址文物的核心价值，活化创新利用方式，推动文物保护利用工作融入经济社会发展的大局之中。《大遗址利用导则》总结出大遗址价值利用方式包括文物展示、科学研究、传播教育、产业转化等类型。

在满足文物保护要求的前提下，我们因地制宜，采取多种展示手段相结合，突出遗址的现场展示，达到直观生动展示盘龙城遗址的历史文化内涵和核心价值，探索出一条符合本地特色的展示系统，既有效地保护了盘龙城遗址的本体，又达到了展示效果直观、展示信息丰富的作用，突出了盘龙城遗址作为武汉城市之根的文化底蕴。例如，对城墙表土覆盖夯土并植绿草展示，对北护城壕采用鹅卵石标识展示，对李家嘴墓地采取绿色植物标识展示，利用新工艺、新材料，采用3D扫描、制模技术，在距离盘龙城宫殿基址一米多的地表复原了3500多年前的“前朝后寝”的宫殿基础格局。原计划发掘一处盘龙城城门并修建保护棚来进行展示，但考虑到保护棚影响整个遗址核心保护区的景观风貌，专家组论证后暂时搁置了这一想法。现在整个城址展示可以看出其线条轮廓构造、里外边界、城门位置、排

图一四〇 盘龙城遗址博物院荣获2023年度世界最佳遗产项目

水管道、居址和墓葬的空间关系等。

盘龙城国家考古遗址公园作为武汉市首家遗址公园，高水平推进新时代文化地标建设，目前已打造成中美盘龙城联合考古工作基地、武汉市直机关党员干部教育基地、武汉市爱国主义教育基地、湖北省爱国主义教育基地、中国华侨国际文化交流基地等不同层级和行业的交流教育基地，拓展与家庭、学校、机关单位、社区等的多方合作，组织系列精品考古研学活动，提升全民文物保护意识，传播中华文明探源、文化遗产保护、中华优秀传统文化传承发展的累累硕果。探索文旅深度融合的“新业态”，倾心打造静态文物和动态文艺深度融合的原创环境舞蹈剧场《城之根》。推出遗址公园吉祥物——“龙龙”，作为生动活泼、富有盘龙城青铜文化元素的卡通 IP 形象应用在遗址博物馆、文创商店和遗址公园等多个场景之中。以“互联网 + 博物馆”理念，搭建 AR 智慧导览、遗址全景展示、数字展厅等多种智慧平台，实行“两微为主、多线发力、全面解读”的多渠道宣教策略，不断提高供给质量，满足群众高品质文化生活需求，在文化遗产传承保护方面，对整个社会产生了积极深远的影响（图一四〇）。

第二节　创新保护建设模式

每个大遗址在进行保护利用时由于面临的实际情况各不相同，国家考古遗址公园建设的模式方法也不尽相同。为此，国家文物局要求各个国家考古遗址公园应该坚持“一园一策”原则，探索符合自身特点特色的建设发展策略和路径，切实提升遗址公园发展质量和水平。

盘龙城遗址保护建设工作开展得较早，当时没有成熟完善的建设模式可供参考。我们从具体实际出发，在建设过程中积累经验，最终摸索走出一条符合地方发展实际的大遗址保护建设模式，即政府主导、国企代建、专家指导、各方协同。

一、政府主导

地方政府是文物保护的责任主体，负责协调、解决涉及文物保护的重大事项。政府在遗址保护工作中处在主导、执行和落实的地位，是做好大遗址保护工作的核心力量。国家文物局、湖北省、武汉市、黄陂区各级党委、政府都高度重视盘龙城遗址的保护，组织指导盘龙城国家考古遗址公园的规划、建设和运营等系列工作。

国家多部委在项目、经费、政策等方面对盘龙城遗址保护建设给予大力支持，据不完全统计，2006～2017 年，国家文物局、国家发展改革委、财政部下拨经费近 1 亿元用于支持盘龙城遗址的保护建设，涉及遗址本体保护展示、考古发掘研究、环境整治、安全防范等诸多方面。国家文物局指导推动盘龙城遗址保护总体规划、盘龙城国家考古遗址公园规划的编制以及落实工作（图一四一）。

目前，盘龙城国家考古遗址公园已初步形成了省、市、区三级协同管理的局面。湖北省文化和旅游厅坚持系统谋划，强化组织领导，将盘龙城遗址纳入到荆楚大遗址传承发展工程之中，推进盘龙城国家考古遗址公园建设。武汉市委、市政府在盘龙城国家考古遗址公园管理中发挥着主导作用，市委、市政府主要领导多次到现场督办项目建设进度，组织多部门开展盘龙城遗址保护的有关规划编制、项目立项、资金筹措和项目代建工作。黄陂区委、区政府组建盘龙城国家考古遗址公园建设指挥部，负责盘龙城遗址保护开发建设工作的行政性事务，统筹遗址公园建设资金的总体平衡以及公园周边配套设施建设，主要涉及博物馆新馆建设、遗址公园内的村民搬迁和土地征收、周边环境整治、府河防洪大堤加固、基础配套设施建设以及遗址公园第二、三期工程的设计、施工、经费筹措等工作。

二、国企代建

按照市政府关于加强盘龙城遗址保护与开发建设工作的会议精神，盘龙城国家考古遗址公园建设实行项目代建制，武汉市文化局为建设方，武汉地产开发投资集团为代建单位。代建单位作为建设方的授权代理人，在遗址公园建设中以业主的名义统一组织对设计单位、施工单位、监理单位等多方的选择、联系、协调、管理等。这种方法可以解决过去建设项目责任主体不明、责任不清的问题，弥补建设方在工程管理方面的经验缺乏、技术不足和监管不力等短板，有效落实遗址公园建设中的多方联动，提高工程项目的运作管理效率。

图一四一　国家文物局组织召开盘龙城遗址保护综合效益评估会

图一四二　代建单位组织相关单位实地勘察环线步道建设

由于工程建设的特殊性，武汉地产开发投资集团和武汉市文化局沟通合作，完成了施工、监理方双资质的招标确认，以及正常建设程序和文保工程的审批、备案。文物保护工程具有限制条件多和协调事务多的特点，武汉地产开发投资集团发挥自身过硬的管理经验、技术能力，积极沟通协调各方，打通工程建设中考古、设计、采购、施工、监理等多个环节的联动（图一四二），摸索出从“先考古，再施工”到“边考古，边施工”再到“先考古，设计按照考古先后顺序分段调整，分段施工”的原则，采取“样板施工先行，定样整体推进”的工程管理方法，在专家组的指导下通过层层商讨和把关，做到考古、设计、施工紧密结合，达到文物保护展示与生态环境协调，高水准的完成了盘龙城国家考古遗址公园建设。

三、专家指导

南方地区大型土遗址的保护和展示难度很大，没有固定模式可循，需要在摸索中前进。盘龙城遗址博物院作为盘龙城遗址专门管理机构，直接承担着盘龙城遗址保护利用工作。为了保证盘龙城国家考古遗址公园建设过程中的可行性、安全性和有效性，盘龙城遗址博物院牵头承担施工过程中的技术指导工作，长期聘请湖北省内的著名文保考古专家胡美洲、陈振裕担任工程顾问，同时不定期邀请国内著名考古专家李伯谦、刘绪、高崇文、方勤、张昌平等，在设计方案调整、考古勘探发掘、工程组织实施、环境整治施工等方面给予科学指导和学术支撑（图一四三）。

图一四三　专家组指导盘龙城遗址本体保护展示工程建设

例如，在城墙坡度展示上，因盘龙城考古发掘无法提供这方面的资料，专家组经过研究郑州商城和江西吴城的考古发掘资料，指导盘龙城城墙的展示坡度。

代建单位发挥协调作用，聘请古建、园林、文物、考古等学科专家，定期开展专家讨论会，及时解决设计变更和施工过程中的各项问题，守住了文物保护的安全底线，使盘龙城遗址历史的真实性、完整性得到有效保护和延续，尽可能地依据设计单位和建设方的要求，保护历史环境要素和现场风貌。

四、各方协同

《大遗址利用导则》要求“大遗址利用涉及多方权益时，地方人民政府应协调明确各利益相关方的权责。鼓励地方人民政府研究、建立大遗址利用的多部门协调机制”。盘龙城国家考古遗址公园建设是一项系统而复杂的文物保护工程，涉及发展改革、财政、自然资源、生态环境、水务、农业农村、园林、文化旅游、文物等多个部门。2012 年，武汉市人民政府办公厅印发了“盘龙城遗址保护与开发建设的工作方案”，明确了盘龙城考古遗址公园的运作方式和管理模式，对政府各职能部门的任务进行了责任分解。后来，武汉市委、市政府多次召开专题会议，确龙城遗址保护与开发的多部门协调机制，逐渐摸索出有武汉特色的管理模式。各方协同，既有在政府主导下的相关行政部门的协同，也有具体建设中建设方、代建方、专家组、设计方、施工方、监理方的协同。

在行政部门协同层面，主要围绕盘龙城国家考古遗址公园范围内的土地征用、规划、变更和保护工作展开。武汉市文化局、武汉市国土规划局和黄陂区人民政府统筹编制《盘龙城国家考古遗址公园规划》；武汉市国土规划局会同武汉市水务局、武汉市园林局等相关部门编制完成遗址公园控制性详细规划和博物馆新馆建设方案，环境调整控制地带土地性质进行变更；武汉市发展改革委、武汉市文化局、黄陂区人民政府等部门按照各自分工，完成有关项目立项、可行性研究、初步设计的批复和开工备案工作；武汉市财政局和黄陂区人民政府负责盘龙城国家考古遗址公园建设资金的总体平衡和筹措，落实支付盘龙城遗址核心保护区内土地征收、村民房屋拆迁补偿费用；武汉市水务局会同武汉市文化局做好盘龙湖水位控制和湖泊界桩设置工作；黄陂区人民政府负责做好盘龙城国家考古遗址公园周边环境美化工作；武汉市文化局负责积极争取国家及省文保经费和政策支持，做好盘龙城遗址文物本体保护展示工程的建设工作。

在具体建设协同层面，开展建设方主导、多方联动机制。建设方包括代建单位针对盘龙城国家考古遗址公园建设的特点，聘请专家组进行科学指导，选择专业的设计单位、施工单位和监理单位，尊重考古机构的科研成果，注重遗址考古信息的依托和现场施工作业的沟通（图一四四），根据现实情况灵活改进设计、施工，采

图一四四　盘龙城遗址景观设计深化协调会

取传统的工艺、技术保护遗址本体和原始风貌，选择创新的材料、手段展示遗址价值和环境氛围。

遗址公园建设工程，是一个不断进行、不断完善的工作，前面做的只是阶段性的一部分，今后还有更长的路要走。接下来，我们将持续盘龙城遗址的考古发掘和研究阐释工作，结合《盘龙城国家考古遗址公园规划》的节点展示设计，计划对杨家湾北坡石块堆积区、李家嘴墓地、小嘴铸铜作坊区等重要遗址点开展保护展示提升，活化历史场景，丰富盘龙城遗址本体展示体系，阐释好盘龙城遗址的文化内涵。我们还将继续坚持规划引领，积极推进配套设施建设，加强文旅融合，为游客提供丰富、舒适的游园体验，提升考古遗址公园品质，助力文化强市建设，为武汉建设国家中心城市和国际化大都市提供文化支撑。

主要参考文献

一、规划方案

北京建工建筑设计研究院：《盘龙城遗址核心保护区一期环境整治方案》，2015年。

北京建工建筑设计研究院：《盘龙城遗址核心保护区一期展示标识系统方案》，2015年。

北京建工建筑设计研究院：《盘龙城遗址核心保护区一期环境整治调整方案（互动区、步道）》，2017年。

北京垣冶建筑规划设计有限公司：《盘龙城国家考古遗址公园导视设计》，2021年。

河南省文物建筑保护设计研究中心：《盘龙城遗址本体保护展示工程深化设计》，2013年。

河南省文物建筑保护设计研究中心：《盘龙城国家考古遗址公园核心保护区环境导示设计方案》，2014年。

河南省文物建筑保护设计研究中心：《盘龙城遗址核心保护区一期环境整治方案》，2014年。

同济大学建筑设计研究院（集团）有限公司：《盘龙城国家考古遗址公园规划》，2020年。

武汉大学历史学院：《盘龙城遗址考古工作计划（2014—2020年）》，2014年。

中国建筑设计研究院建筑历史研究所：《盘龙城遗址保护总体规划（2007—2025年）》，2007年。

中国文化遗产研究院、上海筑英建筑设计有限公司：《盘龙城遗址保护展示工程设计方案》，2010年。

二、专著

陈贤一：《商代盘龙城——武汉城市之根的考古历程》，武汉出版社，2015年。

湖北省博物馆、盘龙城遗址博物院、武汉博物馆：《南土遗珍——商代盘龙城文物集萃》，湖北教育出版社，2016年。

湖北省文物考古研究所：《盘龙城：一九六三年——一九九四年考古发掘报告》，文物出版社，2001年。

盘龙城遗址博物院：《江汉泱泱　商邑煌煌——盘龙城遗址陈列图录》，文物出版社，2021 年。

盘龙城遗址博物院、武汉大学长江文明考古研究院：《盘龙城与长江文明国际学术研讨会论文集·2019》，科学出版社，2023 年。

盘龙城遗址博物院、武汉大学青铜文明研究中心：《盘龙城与长江文明国际学术研讨会论文集》，科学出版社，2016 年。

武汉大学中国传统文化研究中心、武汉市国家历史文化名城保护委员会办公室：《商代盘龙城学术研讨会论文集》，科学出版社，2014 年。

中共武汉市委宣传部、武汉市历史文化名城委员会：《商代盘龙城与武汉城市发展研讨会论文集》，武汉出版社，2002 年。

三、论文

杜金鹏：《盘龙城商代宫殿基址讨论》，《考古学报》2005 年第 2 期。

鄂学玉：《〈盘龙城遗址保护总体规划〉的编制历程》，《武汉文史资料》2020 年第 5 期。

付海龙：《盘龙城史料札记三则》，《档案记忆》2022 年第 10 期。

郭剑：《盘龙城遗址博物院新馆选址建设侧记》，《武汉文史资料》2020 年第 9 期。

黄伊：《试论盘龙城国家考古遗址公园规划与利用》，《江汉考古》2015 第 2 期。

蓝蔚：《1954 年，我发现了盘龙城遗址》，《武汉文史资料》2006 年第 1 期。

李超荣：《重返盘龙城——记旧石器时代遗址的发现》，《化石》2020 年第 1 期。

刘森淼：《盘龙城国家考古遗址公园建设的思考》，《武汉文博》2016 年第 3 期。

刘卫红：《大遗址保护规划中价值定性评价体系的构建》，《西北大学学报（自然科学版）》2011 年第 5 期。

卢玉晴：《遗址公园的植物设计研究》，长江大学硕士学位论文，2017 年。

盘龙城遗址博物院、武汉大学历史学院：《武汉市盘龙城遗址大邓湾明代砖室墓发掘简报》，《江汉考古》2018 年第 5 期。

秦祯辉：《遗址公园建设中的多方联动——以盘龙城遗址公园建设为例》，《中国民族建筑研究会第十九届学术年会论文特辑》，2016 年，第 336—354 页。

宋若虹、万琳：《考古学与遗址类博物馆的建设运营——以盘龙城遗址博物院为例》，《自然与文化遗产研究》2021 年增刊。

孙力：《盘龙城遗址公园绿化特色分析及其发展对策》，《绿色科技》2018 年第 7 期。

孙卓、苏昕、吴小红等：《近年来盘龙城遗址的碳十四年代测定》，《江汉考古》2020年第6期。

万琳：《盘龙城宫殿基址模拟展示工程亲历记》，《武汉文史资料》2020年第2期。

武汉大学历史学院、湖北省文物考古研究所、武汉市文物考古研究所等：《2012—2017年盘龙城考古：思路与收获》，《江汉考古》2018年第5期。

武汉市文物考古研究所、盘龙城遗址博物院：《盘龙城遗址宫城区2014至2016年考古勘探简报》，《江汉考古》2017年第3期。

肖翌馨：《汉阳陵国家考古遗址公园保护与展示实效评估》，西安建筑科技大学硕士学位论文，2023年。

余凤生、刘凯敏：《盘龙城国家考古遗址公园博物馆区景观设计》，《园林》2018年第10期。

张昌平、孙卓：《盘龙城聚落布局研究》，《考古学报》2017年第4期。

张海、王辉、邹秋实等：《商代盘龙城聚落地貌演变的初步研究》，《江汉考古》2018年第5期。

邹秋实：《盘龙城遗址地理环境变迁初探》，《遗产与保护研究》2017年第2期。

邹秋实：《从水系看盘龙城遗址环境的变迁》，《江汉考古》2018年第5期。

邹秋实、姚书春、李春海等：《武汉市盘龙城遗址水下勘探及试掘简报》，《江汉考古》2018年第5期。

邹秋实、张昌平：《武汉市盘龙城遗址各地点历年考古工作综述》，《江汉考古》2020年第6期。

后　记

盘龙城国家考古遗址公园是湖北省第二家、武汉市第一家国家考古遗址公园。遗址公园挂牌开放已有八个年头了，目前完成了一期的建设运营。回想起遗址公园建设工程的过往，热火朝天的施工场景仍旧历历在目。我们组织编写这本书，主要是阶段性地总结已完成的建设工程，为推进后续盘龙城国家考古遗址公园建设提供可借鉴可复制的经验，同时也将摸索出来的国家考古遗址公园建设的“盘龙城模式”为新时代国家考古遗址公园高质量发展提供有益的借鉴和参考。

盘龙城遗址博物院专门成立工作专班，在有关单位配合和专家指导下，把凝聚着国家、省、市、区各级政府管理机构以及规划设计、考古保护、建设施工等不同参与单位建设智慧和心血的盘龙城国家考古遗址公园一期建设工程进行全面系统梳理，总结建设工程的历程和经验得失，展示盘龙城遗址从荒芜废墟到国家考古遗址公园的蜕变过程。

本书的编写是所有参加盘龙城国家考古遗址公园建设人员的智慧结晶，是集体劳动的成果。郭剑、王师慧、刘畅、李一帆、杨蕊荣等参与了前期资料整理工作，付海龙负责全书体例的确定和通稿修改，付海龙编写第一章、第二章、第六章，范雨佳、付海龙编写第三章第一节，付海龙、宋波、吕宁晨编写第三章第二节，范雨佳、付海龙编写第四章第一节，宋波、吕宁晨、付海龙编写第四章第二节，王颖编写第五章、第七章。万琳院长作为盘龙城国家考古遗址公园一期建设的主要推动者和亲历者，对本书的编写给予了大力支持和专业指导。在本书的编写过程中，还得到了盘龙城遗址博物院刘森淼和张艺军研究员、武汉大学张昌平教授、北京垣冶建筑规划设计有限公司柴文远副研究馆员和吕光远副研究馆员、科学出版社王光明编审和杨烁编辑等专家学者的支持与帮助。在此，我们一并致以诚挚的谢意。

由于编写时间仓促和编写人员水平有限，书中难免有疏漏之处，恳请专家和广大读者指正。对书中有关研究成果和图片资料未能一一注明出处，在此深表歉意并表示感谢。

编　者

2025 年 6 月